# 古代文史哲名篇比较阅读

蒋绍愚　编著

北京大学出版社
北　京

**图书在版编目(CIP)数据**

古代文史哲名篇比较阅读 / 蒋绍愚编. —北京:北京大学出版社, 2002.8
(高等教育自学考试日语专业系列教材)
ISBN 978-7-301-05653-0

Ⅰ.古… Ⅱ.蒋… Ⅲ.文史哲－中国－古代－高等学校－教学参考资料 Ⅳ.C53

中国版本图书馆 CIP 数据核字 (2002) 第 036773 号

| | |
|---|---|
| 书　　　名 | 古代文史哲名篇比较阅读 |
| 著作责任者 | 蒋绍愚　编著 |
| 责任编辑 | 郭　力 |
| 标准书号 | ISBN 978-7-301-05653-0 |
| 出版发行 | 北京大学出版社 |
| 地　　　址 | 北京市海淀区成府路 205 号　100871 |
| 网　　　址 | http://www.pup.cn　　新浪微博:@北京大学出版社 |
| 电子邮箱 | zpup@pup.cn |
| 电　　　话 | 邮购部 62752015　发行部 62750672　编辑部 62752028 |
| 印　刷　者 | 北京虎彩文化传播有限公司 |
| 经　销　者 | 新华书店 |
| | 850 毫米 ×1168 毫米　大 32 开本　9.25 印张　185 千字 |
| | 2002 年 8 月第 1 版　2023 年 12 月第 4 次印刷 |
| 定　　　价 | 15.00 元 |

# 前　言

　　1998年,北京大学决定为全校理科的学生开设大学语文课程,目的是为了提高学生的语文水平和人文素质。陈佳洱校长让中文系准备课程,中文系系主任让我和钱理群老师分别准备古代部分和现代部分。我用几个月的时间匆匆地选编了一个《大学语文古代部分作品选》作为教材,九月份就开始上课。一个学期下来,这教材还比较受学生欢迎。以后,每个学期都有好几个班的大学语文课,由中文系的老师轮流授课,我也又讲过一次,每次都用这本《作品选》作为课本。不过,这毕竟是急就章,且不说内容,光是排印错误就不少,老拿它来作为教材,真有点误人子弟。因此,我早就想把它改一改,但一直苦于抽不出时间。直到今年寒假,才下决心做了一番较大的修改,调整了一些篇目,补充了"单元提示"和"阅读提示",对注释也作了修改。同时,为了更切合书的内容,书名改为《古代文史哲名篇比较阅读》。

　　为什么用这个书名?什么叫"比较阅读"?这要说得稍远一点。

　　中国古代文史哲是不分的。到现代,随着科学研究的进展,文史哲分成了不同的学科,这当然是一种进步。但如果把这些学科过分地割裂,以至于互不通气,这又不利于学术的发展,所以近来人们又在强调学科的交叉渗透。对于一个希望了解中国古代文化的年轻人来说,恐怕最好是把中国古代文化作为一个整体来了解,也就是说,要把文史哲贯通起来。有没有这种可能呢?我想是有的。由于中国古代文史哲不分,一方面,一些重要作品,往往兼有文史哲几方面的重要价值;另一方面,中国古代文化中的一些重要问题,往往会在文史哲的作品中从不同的角度得到反映。这本书的编排,就是想尽量体现这一特点。全书十八个单元,大体上前面六个单元侧重于选文学名篇,中间六个单元侧重于选史学名篇,后面六个单元侧重于选哲学名篇,但是不把文史哲截然分开,而是以中国古代文化中的一些重要问题为中心来设单元,各个单元中尽量选取反映同一问题的文史哲作品,让读者把它们相互比较,相互参照,以加深对这些重要问题的理解。比如,第四单元的中心问题是理想世界,这一单元中既选了陶渊明的散文《桃花源记》和王维的诗《桃源行》,又选了反映儒家思想的《大同》和反映道家思想的《马蹄》。第七单元的中心是古代的战争,既选了史书中描写战争的《鞌之战》和《官渡之战》,又选了反对不义战争的文学作品《战城南》和《吊古战场文》。第十八单元的中心是介绍禅宗思想,既选了禅宗文献《五灯会元》和《六祖坛经》中的片段,又选了反映佛教思想影响的文学作品《枕中记》和《前赤壁赋》。这样编排的意图是使读者能把文史哲融会贯通,对中国古代文化有一个初步的、但是是整体的了解。同样,也是出于这种考虑,在选文的时候,尽量做到最重要的名家名著至少有一篇入选。因此,初学者可以把这个选本作为中国古代文化的精品集来读,读了以后,对中国古代文史哲的名家名著有一个初步的印象,然后,以此为起点,再作进一步的钻研。

　　这样一本入门书,既可以给一般青年阅读,也可以用作大学语文(古代部分)的课本。而且,就其编写的目的来说,首先是作为大学语文古代部分的教材来编的。大学语文(古代部分)的教材为什么要编成这样呢?这里要说一说我对大学语文这门课程的想法。

　　大学生在入学前,已经上了六年中学语文。大学语文和中学语文是什么关系?这个问题是在开设大学语文课时必须要解决的。

　　我认为,大学语文和中学语文有相同的一面,也有不同的一面。大学语文和中学语文都是为了提高学生的阅读能力和写作能力,提高学生的人文素质,这是它们的共同点。但是,必须看到,学生从中学进入大学后,在很多方面发生了很大的变化,他们的学习环境、学习内容、学习方式都和中学大不相同,他们的视野更加广阔,他们学习的知识属于更高的层次,他们获取知识的方式变得更为主动。大学又是人生道路上一个关键性的阶段,和中学阶段比较,大学们更增加了对社会、人生的思考。这些都对大学阶段的语文教育提出了新的要求:同样是语文教育,但是大学语文和中学语文应该有较大的不同。如果看不到这一点,把大学语文变成中学语文的重复或简单的延续(有人称之为"高四语文"),那就必然会使学生感到厌烦,从而导致课程的失败。

那么,大学语文应该有什么新的特点呢？我认为,就大学语文古代部分的阅读来说,就是寓语文教育于人文教育之中。

中国古代有非常辉煌的文化。让大学生了解和接受这一份宝贵的文化遗产,这是对他们进行人文教育的一个重要方面。而这些古代文化的精华本身就对大学生有强烈的吸引力。为了了解和掌握这些精华,他们会在教师指导下认真阅读这些古代作品。如果教师指导得法,大学生们就会在这一过程中提高自己的阅读能力。这样,就在进行人文教育时进行了语文教育。

正是基于这样的想法,我在为北京大学开设的大学语文课选编古代部分的作品选时,不再沿袭中学语文课本的模式,而把教材编成文史哲名篇比较阅读的形式。当然,既然作为大学语文的教材,在选文标准上必须有所考虑:要力求难易适中,长短适中,语言典范,有可读性,尽量避免与中学课本重复。还应当说明:每个单元四篇文章,在课堂上是讲不完的,教师在课堂上选讲1—2篇,其他的篇目略作提示,要求学生课下阅读。用这样一个选本作为大学语文的教材,从四年的教学实践来看,效果是好的。

编这样一个选本是一种初步的尝试,加上当初编写和这次修改都比较仓促,一定会有许多不足之处。希望能在使用中听取各方面的意见,逐步加以完善。

承北大出版社的好意,愿意将此书出版。特别是郭力同志,为此书的校对和出版费了不少心力。我借此机会向他们表示衷心的感谢。

蒋绍愚
2002年6月于北大

# 目　录

第一单元 …………………………………………………………（1）
　（一）诗经·卫风·氓 ……………………………………（3）
　（二）玉台新咏·上山采蘼芜 ……………………………（7）
　（三）曹植:弃妇篇 ………………………………………（8）
　（四）白居易:井底引银瓶 ………………………………（10）

第二单元 …………………………………………………………（13）
　（一）屈原:离骚（节选）…………………………………（15）
　（二）楚辞·渔父 …………………………………………（22）
　（三）陶渊明:自祭文 ……………………………………（24）
　（四）宋词二首　1. 陆游:鹊桥仙（华灯纵博）…………（27）
　　　　　　　　　2. 辛弃疾:鹧鸪天（有客慨然谈功名）……（28）

第三单元 …………………………………………………………（31）
　（一）王粲:七哀诗（之一）………………………………（33）
　（二）杜甫:自京赴奉先县咏怀五百字 …………………（34）
　（三）柳宗元:捕蛇者说（附:礼记·苛政猛于虎）………（39）
　（四）白居易:杜陵叟 ……………………………………（42）

第四单元 …………………………………………………………（45）
　（一）陶渊明:桃花源记（附:桃花源诗）…………………（47）
　（二）王维:桃源行 ………………………………………（50）
　（三）礼记·大同 …………………………………………（51）
　（四）庄子·马蹄（节选）…………………………………（54）

第五单元 …………………………………………………………（57）
　（一）水经注:江水 ………………………………………（59）

I

（二）李白：庐山谣寄卢侍御虚舟 …………………………（64）
　（三）柳宗元：钴鉧潭西小丘记 ……………………………（66）
　（四）欧阳修：秋声赋（附：刘禹锡诗四首）………………（69）
第六单元 ……………………………………………………………（73）
　（一）毛诗序（节选）…………………………………………（75）
　（二）钟嵘：诗品序（节选）…………………………………（78）
　（三）韩愈：送孟东野序 ……………………………………（82）
　（四）白居易：与元九书（节选）……………………………（87）
第七单元 ……………………………………………………………（93）
　（一）左传·崤之战 …………………………………………（95）
　（二）资治通鉴·官渡之战 …………………………………（100）
　（三）汉乐府诗·战城南（附：李白：战城南）……………（106）
　（四）李华：吊古战场文 ……………………………………（108）
第八单元 ……………………………………………………………（113）
　（一）国语·齐桓公求管仲 …………………………………（115）
　（二）战国策·燕昭王求士 …………………………………（118）
　（三）韩愈：杂说四 …………………………………………（121）
　（四）王安石：读孟尝君传（附：史记·孟尝君列传）……（122）
第九单元 ……………………………………………………………（127）
　（一）左传·和而不同 ………………………………………（129）
　（二）左传·子产不毁乡校（附：国语·周厉王弭谤）……（131）
　（三）战国策·邹忌讽齐王纳谏 ……………………………（134）
　（四）资治通鉴·魏征谏唐太宗 ……………………………（136）
第十单元 ……………………………………………………………（139）
　（一）史记·商君列传（节选）………………………………（141）
　（二）史记·张释之传 ………………………………………（144）
　（三）管子·国蓄（节选）……………………………………（146）
　（四）盐铁论·力耕（节选）…………………………………（150）

## 第十一单元 (155)
  （一）三国志·华佗传（节选） (157)
  （二）杜甫：丹青引 (163)
  （三）汉书·张骞传（节选） (166)
  （四）高僧传·法显传（节选） (173)

## 第十二单元 (177)
  （一）左传·晋董狐笔 (179)
  （二）左传·齐太史简 (183)
  （三）文心雕龙·史传（节选） (186)
  （四）史通·直书（节选） (190)

## 第十三单元 (195)
  （一）左传·子产论天道 (197)
  （二）荀子·天论（节选） (199)
  （三）论衡·感虚（节选） (203)
  （四）柳宗元：天说 (206)

## 第十四单元 (209)
  （一）孟子·性善 (211)
  （二）荀子·性恶（节选） (213)
  （三）韩非子·五蠹（节选） (216)
  （四）孟子·王道之始 (219)

## 第十五单元 (221)
  （一）孟子·民贵君轻 (223)
  （二）荀子·水能覆舟 (225)
  （三）柳宗元：送薛存义之任序 (227)
  （四）黄宗羲：原臣（节选） (229)

## 第十六单元 (233)
  （一）论语选 (235)
  （二）老子选 (240)

（三）庄子·胠箧(节选) ······················· (243)
　（四）柳宗元:种树郭橐驼传 ····················· (247)
第十七单元 ····································· (251)
　（一）韩非子·难一(节选) ······················ (253)
　（二）韩非子·外储说右下(节选) ·················· (256)
　（三）韩非子·难势(节选) ······················ (258)
　（四）贾谊:过秦论 ··························· (261)
第十八单元 ····································· (267)
　（一）五灯会元·东土始祖(节选) ·················· (269)
　（二）六祖坛经·惠能与神秀 ····················· (272)
　（三）沈既济:枕中记 ························· (276)
　（四）苏轼:前赤壁赋 ························· (282)

# 第一单元

> 爱情是文学永恒的主题。爱情有甜蜜的,也有苦涩的。在中国古代文学中,有很多歌唱真挚的、专一的爱情的作品,也有不少反映妇女被遗弃的诗歌,这就是所谓的"弃妇"诗。"弃妇"诗除了与爱情有关外,还反映了古代的社会问题:男女地位的不平等。本单元所选的四首诗歌,都可以从这两个角度来阅读和理解。

# （一）氓

《诗经》

【作品简介】《诗经》是我国第一部诗歌总集,原称《诗》或"诗三百",共305篇,是周初到春秋中叶的作品。分为"风"(十五国风)、"雅"(小雅、大雅)、"颂"(周颂、鲁颂、商颂)三部分。汉人认为《诗经》经过孔子删定,但此说不可信。汉代传《诗》的有鲁、齐、韩三家,稍后有"毛诗"(鲁人毛亨、赵人毛苌所传)。后来三家诗亡佚,今《十三经注疏》中所收的就是《毛诗正义》,毛亨传,郑玄笺,孔颖达疏。《诗经》是我国文学的源头,很多作品有很高的思想性和艺术性,对后代中国文学的发展有很大的影响。同时,《诗经》真实而广泛地反映了古代社会的各个方面,也是研究古代社会和文化的宝贵资料。今人褚斌杰有《诗经全译》。

【阅读提示】 这首诗是一个"弃妇"对往事的回忆。这个女子和那个男子是从小一起长大的,而且经过热恋而结成夫妻。但刚过三年,就被遗弃。这更显示了古代女子的悲剧。"士之耽兮,犹可说也;女之耽兮,不可说也。"这是她从自己的悲剧中总结出来的。请大家想一想:为什么士"可说"而女"不可说"?

氓之蚩蚩,抱布贸丝[1],匪来贸丝,来即我谋[2]。送子涉淇,至于顿丘[3],匪我愆期,子无良媒[4]。将子无怒,秋以为期[5]。

乘彼垝垣,以望复关[6]。不见复关,泣涕涟涟。既见复关,载笑载言[7]。尔卜尔筮,体无咎言[8]。以尔车来,以我贿迁[9]。

桑之未落,其叶沃若[10]。于嗟鸠兮,无食桑葚[11]!于嗟女兮,无与士耽[12]!士之耽兮,犹可说也[13];女之耽兮,不可说也。

　　桑之落矣,其黄而陨[14]。自我徂尔,三岁食贫[15]。淇水汤汤,渐车帷裳[16]。女也不爽,士贰其行[17]。士也罔极,二三其德[18]。

　　三岁为妇,靡室劳矣[19];夙兴夜寐,靡有朝矣[20]!言既遂矣,至于暴矣[21];兄弟不知,咥其笑矣[22]!静言思之,躬自悼矣!

　　及尔偕老,老使我怨[23]。淇则有岸,隰则有泮[24]。总角之宴,言笑晏晏[25],信誓旦旦,不思其反[26]。反是不思,亦已焉哉[27]!(卫风)

【注释】

[1] 氓(méng):民。这里是指称诗中的男主角。蚩蚩(chīchī):忠厚的样子。布:古代用作货币的布匹,长宽有定制。《盐铁论·错币》:"古者市朝而无刀币,各以其所有易所无,抱布贸丝而已。"

[2] 即我:到我这里。即:就,靠近。谋:指商量婚事。

[3] 淇:淇河,在今河南淇县东北部。顿丘:地名,在今河南浚(xùn)县。

[4] 愆(qiān)期:延误日期。愆:错过。

[5] 将(qiāng):愿,希望。秋以为期:以秋为期,指以秋天为结婚的日期。

[6] 乘:登。垝(guǐ):毁坏。垣(yuán):墙。复关:地名,那个男子住的地方。这里用来指称那个男子。

[7] 载:副词,又,且。

[8] 卜:用火烧龟甲。看龟甲上烧出的裂纹以判断吉凶。筮(shì):用蓍(shī)草的茎占卦。体:卜筮所显示的现象(预

兆)。咎(jiù)言:不吉利的话。这两句的意思是,你占卜的结果,没有不吉利的预兆。

[9] 贿:财物。迁,迁移,指搬到那男子家去。

[10] 沃(wò)若:润泽的样子。这句是这女子用来比喻自己年轻貌美。

[11] 于(xū)嗟:叹词,表叹息。于:通"吁"。鸠:斑鸠。兮:语气词。相当于"啊"。桑葚(shèn):桑树的果实。据说斑鸠吃多了桑葚会昏醉(《毛传》)。这句话比喻女子不要迷恋于爱情。

[12] 士:男子的通称。耽(dān):沉溺。这里指迷恋于爱情。

[13] 说(tuō),通"脱",解脱。

[14] 陨(yǔn):落。这句用来比喻女子的容貌衰老。

[15] 徂(cú):往。尔:你。食贫:吃的贫乏,指生活苦。

[16] 汤汤(shāngshāng):水势大的样子。渐:浸湿。帷裳:车两旁的帐幔。这句是说被遗弃后渡淇河回来的情景。

[17] 爽:差失。贰其行:指男子变心。贰:不专一。

[18] 罔:无。极:至,指标准。二三:用作动词,一再改变的意思。德:德行。

[19] 靡(mǐ)室劳矣:意思是没有一件家中的劳苦事是不做的。靡:无。

[20] 夙兴:早起。夜寐:晚睡。靡有朝(zhāo)矣:意思是没有一天不如此。朝:指一朝(一日)。

[21] 你的心愿已满足了,你就对我凶暴起来了。言:动词词头。下句"静言思之"的"言"同。遂:成。

[22] 咥(xì):笑的样子。笑:嘲笑。

[23] 原想和你同偕到老,现在这种偕老的想法徒然使我怨恨。

[24] 隰(xí):低湿的地方。泮(pàn):通"畔",边界。这句意思是说,淇河和低洼之地都还有个边儿,而自己的怨恨却没有个

5

尽头。
[25] 总角:古代少年男女把头发扎成鬏髻(zhuājì),这里指少年时代。总:扎。宴:快乐。晏晏:快乐的样子。
[26] 誓言诚恳可信,没有想到他会变心。旦旦:诚恳的样子。反:违反,指变心。
[27] 既然违反誓言不思念旧情,也就只好算了吧!是:指代誓言。已:罢了,算了。

《诗经古注》

# （二）上山采蘼芜[1]

*《玉台新咏》*

【作品简介】 这首诗见于《玉台新咏》。《玉台新咏》是陈徐陵选编的一部诗集，共十卷。第一卷首列"古诗八首"，第一首就是这首诗。

【阅读提示】 这首诗不像一般"弃妇诗"那样沉重，而是用比较轻松的形式来反映这个主题。丈夫喜新厌旧，但最后感到"新人不如故"。

---

上山采蘼芜，下山逢故夫。长跪问故夫："新人复何如[2]？""新人虽言好，未若故人姝[3]。颜色类相似，手爪不相如[4]。""新人从门入，故人从阁去[5]。""新人工织缣，故人工织素[6]。织缣日一匹，织素五丈余[7]。将缣来比素，新人不如故。"

---

【注释】
[1] 蘼芜：一种香草，可做香料。
[2] 长跪：古人席地而坐，两膝着地，臀部贴着脚跟，类似后来的"跪"。有时直起腰来，臀部离开脚跟，但两膝依然着地，这种姿势叫做"长跪"。长跪通常是表示尊敬。
[3] 姝(shū)：好。这里不专指容貌，泛指各个方面都好。
[4] 颜色：容貌。手爪，指纺织、缝纫等技巧。
[5] 阁：小门。
[6] 缣(jiān)：双丝织的浅黄色细绢。素，白色的细绢，价比缣贵。
[7] 一匹：长四丈。

## (三) 弃妇篇

曹 植

**【作家简介】** 曹植(192~232),字子建,曹操之子。封为陈王,死后谥"思",故称"陈思王"。是建安时期("建安"是汉末献帝的年号)杰出的诗人,刘宋时的诗人谢灵运说:"天下才有一石,曹子建独占八斗。"有《曹子建集》。近人黄节有《曹子建诗注》。

[阅读提示]这首诗中的妇人只是因为不生孩子就被遗弃。作者对此表示同情,但也只是说"晚获为良实","何必春夏成"。大概在古代对"无子当归宁"的规矩是无法抗争的。

石榴植前庭,绿叶摇缥青[1]。丹华灼烈烈,璀璨有光荣[2]。光荣晔流离,可以戏淑灵[3]。有鸟飞来集,拊翼以悲鸣。悲鸣夫何为,丹华实不成[4]。拊心常叹息,无子当归宁[5]。有子月经天,无子若流星。天月相终始,流星没无精[6]。栖迟失所宜,下与瓦石并[7]。忧怀从中来,叹息通鸡鸣[8]。反侧不能寐,逍遥于前庭。踟蹰还入房,肃肃帷幕声。搴帷更摄带,抚弦弹鸣筝[9]。慷慨有馀音,要妙悲且清[10]。收泪长叹息,何以负神灵。招摇待霜露,何必春夏成。晚获为良实,愿君且安宁[11]。

**【注释】**
[1] 缥(piāo)青:浅绿色。
[2] 华:花。光荣:光彩。
[3] 晔(yè):光亮。流离:光彩纷繁貌。淑灵:神灵。
[4] 丹华实不成:开花不结果。暗喻妇女不能生子。
[5] 归宁:古代妇女出嫁后回娘家探望。这里指被休回娘家。

[6] 四句说有子则如明月,长与夫相伴;无子暗如流星,即将消失。没(mò):消失。
[7] 栖(qī)迟:失意,无归宿。
[8] 通鸡鸣:指到天亮。
[9] 搴(qiān)帷:撩开帷幕。
[10] 要妙:形容乐声委婉动听。
[11] 四句是安慰妇人的话,说果实不一定在春夏成熟,晚获的反而是好的果实。意思是暂时无子也无妨,晚一点有子可能更好。

## （四）井底引银瓶

白居易

**【作家简介】** 白居易(772~846)，字乐天，晚年自号"香山居士"，世称"白香山"。元和元年(806)制科入等，曾任左拾遗(谏官)，屡次上书指陈时弊，元和十年因"越职言事"被贬为江州司马，后迁忠州刺史，元和十五年召回朝廷，后又出任杭州、苏州刺史、河南尹、太子太傅等职。有《白氏长庆集》。白居易是我国古代伟大的诗人，他主张"文章合为时而著，歌诗合为事而作"，他的讽喻诗，如《秦中吟》、《新乐府》等，深刻地反映了民间疾苦，指责了大小官吏对百姓的横征暴敛和生活的奢侈腐化。他的《长恨歌》、《琵琶行》流传极广，妇孺皆知。他的诗歌创作对后世有深远的影响。

**【阅读提示】** 作者对这个私奔的女子是什么态度？请大家想一想。这首诗对后代影响很大，元代作家白朴的杂剧《墙头马上》就是由这首诗演绎而成的。

---

井底引银瓶，银瓶欲上丝绳绝[1]。石上磨玉簪，玉簪欲成中央折。瓶沉簪折知奈何？似妾今朝与君别！忆昔在家为女时，人言举动有殊姿：婵娟两鬓秋蝉翼，宛转双蛾远山色[2]。笑随戏伴后园中，此时与君未相识。妾弄青梅凭短墙，君骑白马傍垂杨。墙头马上遥相顾，一见知君即断肠。知君断肠共君语，君指南山松柏树。感君松柏化为心，暗合双鬟逐君去[3]。到君家舍五六年，君家大人频有言：聘则为妻奔是妾，不堪主祀奉蘋蘩[4]。终知君家不可住，其奈出门无去处！岂无父母在高堂？亦有亲情满故乡[5]。潜来更不通消息，今日悲羞归不得。为君一日恩，误妾百年身。寄言痴小人家女，慎勿将身轻许人！

【注释】

[1] 瓶:汲水器。
[2] 双蛾:指双眉。
[3] 古代女子未嫁时梳双鬟,已嫁则合而为髻。
[4] 蘋蘩:两种水草,古代用以祭祀。
[5] 亲情:亲戚。

# 第二单元

这个单元选的作品反映古代作家不同的处世态度。屈原执着地坚持自己的理想,"虽九死其犹未悔";而"渔父"则认为不必如此执着,应当"与世推移"。陶渊明又是另一种态度:"匪贵前誉,孰重后歌",连生死都随顺自然。宋代两位大作家陆游、辛弃疾的处世态度和屈原的一脉相承,他们的词中强烈地反映了报国无门的苦闷。

# （一）离骚（节选）

屈　原

【作家简介】　屈原名平,生于楚威王元年(公元前339年)。他是楚国的贵族,曾任楚怀王左徒,主张举贤任能,联齐抗秦,深得楚怀王信任。后来楚怀王受谗而疏远了他,他被迫离开郢都。顷襄王即位后屈原被放逐,最后投汨罗江而死。屈原是中国文学史上第一位伟大的诗人,他的代表作《离骚》影响极为深远。他的《天问》、《九歌》、《九章》等也在文学史上有很高的地位。

【阅读提示】　司马迁评价《离骚》说:"推此志也,虽与日月争光可也。"鲁迅引《离骚》中的句子"路漫漫其修远兮,吾将上下而求索"作为《彷徨》的题词。仅从这两个例子,就可以看到《离骚》的影响有多么深远!要了解中国文化,不能不读《离骚》。请大家读一读这里所节选的部分,想一想《离骚》究竟为什么有如此之大的

15

震撼力量。

帝高阳之苗裔兮,朕皇考曰伯庸[1]。摄提贞于孟陬兮,惟庚寅吾以降[2]。皇览揆余初度兮,肇锡余以嘉名[3]。名余曰正则兮,字余曰灵均[4]。纷吾既有此内美兮,又重之以修能[5]。扈江离与辟芷兮,纫秋兰以为佩[6]。汩余若将不及兮,恐年岁之不吾与[7]。朝搴阰之木兰兮,夕揽洲之宿莽[8]。日月忽其不淹兮,春与秋其代序[9]。惟草木之零落兮,恐美人之迟暮[10]。不抚壮而弃秽兮,何不改乎此度[11]?乘骐骥以驰骋兮,来吾道夫先路[12]。

昔三后之纯粹兮,固众芳之所在[13]。杂申椒与菌桂兮,岂维纫夫蕙茝[14]?彼尧舜之耿介兮,既遵道而得路[15]。何桀纣之猖披兮,夫唯捷径以窘步[16]。惟夫党人之偷乐兮,路幽昧以险隘[17]。岂余身之惮殃兮,恐皇舆之败绩[18]。忽奔走以先后兮,及前王之踵武[19]。荃不察余之中情兮,反信谗而齌怒[20]。余固知謇謇之为患兮,忍而不能舍也[21]。指九天以为正兮,夫唯灵修之故也[22]。曰黄昏以为期兮,羌中道而改路[23]。初既与余成言兮,后悔遁而有他[24]。余既不难夫离别兮,伤灵修之数化[25]。

余既滋兰之九畹兮,又树蕙之百亩[26]。畦留夷与揭车兮,杂杜衡与芳芷[27]。冀枝叶之峻茂兮,愿竢时乎吾将刈[28]。虽萎绝其亦何伤兮,哀众芳之芜秽[29]。

众皆竞进以贪婪兮,凭不猒乎求索[30]。羌内恕己以量人兮,各兴心而嫉妒[31]。忽驰骛以追逐兮,非余心之所急[32]。老冉冉其将至兮,恐修名之不立[33]。朝饮木兰之坠露兮,夕餐秋菊之落英[34]。苟余情其信姱以练要兮,长顑颔亦何伤[35]。揽木根以结茝兮,贯薜荔之落蕊[36]。矫菌桂以纫蕙兮,索胡绳之缅缅[37]。謇吾法夫前脩兮,非世俗之所服[38]。虽不周于今之人兮,愿依彭咸之遗则[39]。

长太息以掩涕兮,哀民生之多艰[40]。余虽好脩姱以鞿羁兮,謇朝谇而夕替[41]。既替余以蕙纕兮,又申之以揽茞[42]。亦余心之所善兮,虽九死其犹未悔[43]!

怨灵脩之浩荡兮,终不察夫民心[44]。众女嫉余之蛾眉兮,谣诼谓余以善淫[45]。固时俗之工巧兮,偭规矩而改错[46]。背绳墨以追曲兮,竞周容以为度[47]。忳郁邑余侘傺兮,吾独穷困乎此时也[48]。宁溘死以流亡兮,余不忍为此态也[49]。

鸷鸟之不群兮,自前世而固然[50]。何方圜之能周兮,夫孰异道而相安[51]!屈心而抑志兮,忍尤而攘诟[52]。伏清白以死直兮,固前圣之所厚[53]。

悔相道之不察兮,延伫乎吾将反[54];回朕车以复路兮,及行迷之未远[55]。步余马于兰皋兮,驰椒丘且焉止息[56]。进不入以离尤兮,退将复脩吾初服[57]。制芰荷以为衣兮,集芙蓉以为裳[58]。不吾知其亦已兮,苟余情其信芳[59]。高余冠之岌岌兮,长余佩之陆离[60]。芳与泽其杂糅兮,唯昭质其犹未亏[61]。忽反顾以游目兮,将往观乎四荒[62]。佩缤纷其繁饰兮,芳菲菲其弥章[63]。民生各有所乐兮,余独好脩以为常[64]。虽体解吾犹未变兮,岂余心之可惩[65]!

【注释】

[1] 高阳:传说中五帝之一颛顼(zhuānxū)的称号。楚国的始封君熊绎相传是颛顼的后代,熊绎的后代熊通有子名瑕,于春秋楚武王时受封于屈邑,因以屈为氏。屈原是屈瑕的后代,是楚王的宗室。苗裔:后代子孙。朕:第一人称代词。先秦时一般人都可自称为朕,秦以后成为皇帝的专称。皇考:父

死称考。"皇考"是对先父的美称。伯庸:屈原父亲的字。
[2] 摄提:即摄提格,太岁年名。《尔雅·释天》:"太岁在寅曰摄提格。"贞:正。孟陬(zōu):正月。夏历的正月是寅月。《尔雅·释天》:"正月为陬。"庚寅:指正月里的庚寅日。以上两句是说自己降生于寅年、寅月、寅日。
[3] 皇:皇考的简称。览:观察。揆(kuí):度量。初度:刚生下时的情况。肇:始。锡:通"赐"。
[4] 正则:公正的法则,含有屈原的名"平"的意思。灵均:极好的平地,含有屈原的字"原"的意思。
[5] 纷:盛多的样子。内美:内在的美德。重(chóng):加上。修能:美好的才能。修:通"修",下同。
[6] 扈(hù):楚方言,"披"的意思。江离:生长在江边的一种香草。辟(pì):幽僻。这个意义后来写作"僻"。芷:白芷,一种香草。纫:联缀。佩:指佩带在身上的装饰品。
[7] 汩(yù):水流得很快的样子。这里形容时间过得快。与:等待。
[8] 搴(qiān):楚方言,拔取的意思。阰(pí):小土山。木兰:指木兰花。揽:采摘。宿莽(旧读mǔ):香草名。
[9] 淹:久留。代:更递。序:次序。
[10] 美人:这里指国君。迟暮:指年老。
[11] 抚:趁着、凭借。秽:指谗邪之人。此度:指现在这种不抚壮弃秽的态度。
[12] 骐骥:骏马。道:引导。道夫先路:在前面带路。
[13] 三后:指夏禹、商汤、周文王。纯粹:这里指品德高洁。众芳:喻贤臣。
[14] 杂:纷杂。这里指多方面采用。申椒:椒的一种。菌桂:桂的一种。申椒与菌桂都是香木名。蕙、茝(zhǐ):二者都是香草名。

[15] 耿介:光明正大的意思。
[16] 猖披:指行为不正,狂乱昏庸。窘步:意思是寸步难行。
[17] 党人:指那些结党营私的人。偷乐:苟且安乐。偷:苟且,得过且过。
[18] 皇舆:皇帝的车子。这里指代国家。败绩:翻车,常用于指大败。
[19] 先后:走在前面或走在后面。及:跟上。踵:脚后跟。武:脚印。先王之踵武:指先王的功业。
[20] 荃(quán):香草名。这里喻国君。齌(jì)怒:暴怒。
[21] 謇謇(jiǎnjiǎn):忠贞的样子。这里是忠言直谏的意思。忍而不舍:意思是愿意忍受祸患而不能止而不言。
[22] 九天:指九方(东、南、西、北、东南、西南、东北、西北、中央)之天。正:通"证"。灵脩:神明而脩美的意思,本称天神,这里指楚王。
[23] 按,《文选》卷三十二屈平《离骚经》无此二句。洪兴祖疑此二句乃后人所增,其说可信。羌:楚语,句首语气词。
[24] 成言:以言相约。
[25] 数(shuò)化:屡次变化。
[26] 滋:莳,栽培。畹(wǎn):量词,据王逸说为十二亩。
[27] 畦(qí):五十亩。这里用作动词,种一畦的意思。留夷:芍药。揭车:香草名。杜衡:香草名。以上四句,说自己为楚国培养了大批人才。
[28] 冀:希望。峻:高大。俟:等待。
[29] 萎绝:枯萎凋谢。众芳芜秽:比喻众贤与腐朽势力同流合污,改变了操守。
[30] 竞进:争着往上爬的意思。凭:满。猒:后来写作"餍",满足。
[31] 恕己量人:宽恕自己,猜度别人。兴心:生嫉妒之心。

[32] 骛(wù):乱驰。
[33] 冉冉(rǎnrǎn):渐渐地。脩名:美名。
[34] 落英:落花。
[35] 信:诚然,确实。姱(kuā):美好。练要:精粹。顑颔(kǎn hàn):叠韵联绵字,脸色黄瘦的样子。
[36] 揽:持。木根:树根。薜荔(bìlì):一种蔓生植物。
[37] 矫:通"敽"。《说文》:"敽,系连也。"索:动词。拧成绳索。胡绳:香草名。纚纚(xǐxǐ):绳子拧得很好的样子。
[38] 謇:楚语,句首语气词。服:佩。
[39] 周:合。彭咸:相传是殷时的贤大夫,因谏君不听,投水而死。
[40] 太息:叹息。掩涕:擦眼泪。民生:人生,指自己的一生。
[41] 好:爱好。羁(jī)䩭:指马口上的缰绳和笼头。这里指约束自己。谇(suì):谏。替:废弃。
[42] 蕙纕(xiāng):香蕙做的佩带。申:重复。揽:持。这两句大意是,国君因我佩带芳蕙而废弃我,我又重持香茝以为修饰。
[43] 九死:死多次。
[44] 浩荡:本指大水横流,这里指楚王骄傲放恣。
[45] 众女:喻国君左右的小人。蛾眉:指女子美丽的眉毛。谣诼(zhuó):造谣中伤。
[46] 工巧:善于取巧。偭(miǎn):背离。规矩:木工用来求圆形、方形的两种工具,这里喻法度。改错:改变措置。错:通"措",处置,安排。
[47] 绳墨:木工用来取直线的工具。追曲:追随邪门歪道。周容:苟合取容。度:法度。
[48] 忳(tún)郁邑:忧愁的样子。侘傺(chàchì):双声联绵字,不得志的样子。

[49] 溘(kè):忽然。此态:指邪淫之态。
[50] 鸷鸟:鹰、雕一类的猛禽。不群:不与一般的鸟同群。
[51] 方圜:比喻两种不同品德的人。圜:通"圆"。周:相合。异道:不同的道路。
[52] 忍尤而攘(rǎng)诟(gòu):忍受罪名,含诟受辱。
[53] 伏清白:指怀抱清白之志。死直:为直道而死。厚:重,重视。
[54] 相:观察。察:看清楚。延:长久。伫(zhù):久立。
[55] 回:回转。复路:走回头路。
[56] 步余马:让我的马驾着车子缓缓徐行。椒丘:有椒的山丘。焉:代词。在这里。
[57] 进:指进身于君前。不入:不被任用。离:通"罹"。遭受。退:指退出仕途。初服:指未仕时的服饰。
[58] 芰(jì):菱。荷:荷叶。芙蓉:莲花。
[59] 已:罢了,算了。
[60] 岌岌:高高的样子。陆离:双声联绵字,这里形容长的样子。
[61] 泽:指污垢。昭质:光洁的品质。
[62] 游目:纵目远望。四荒:四方荒远的地方。
[63] 佩缤纷:形容佩戴的饰物很多。弥章:更加鲜明。
[64] 民生:人生。好脩:爱好修洁。
[65] 体解:肢解。古代一种酷刑。惩:受创而戒惧。

# （二）渔父[1]

《楚辞》

【作品简介】 楚辞是屈原、宋玉等人创造的一种文学形式,它"书楚语,作楚声,纪楚地,名楚物",有鲜明的地方色彩。西汉刘向把屈原、宋玉等人的作品汇编成集,题为《楚辞》,东汉王逸作《楚辞章句》,是楚辞最早的注本。宋洪兴祖在此基础上作《楚辞补注》。朱熹《楚辞集注》也是较通行的注本。

【阅读提示】 显然,渔父不赞成屈原那样的执着。但他说的"沧浪之水清兮,可以濯吾缨;沧浪之水浊兮,可以濯吾足"是不是教人同流合污呢?说说你的看法。

屈原既放,游于江潭[2],行吟泽畔[3];颜色憔悴,形容枯槁。渔父见而问之曰:"子非三闾大夫与[4]?何故至于斯?"

屈原曰:"举世皆浊我独清,众人皆醉我独醒,是以见放[5]。"

渔父曰:"圣人不凝滞于物[6],而能与世推移。世人皆浊,何不淈其泥而扬其波[7]?众人皆醉,何不餔其糟而歠其醨[8]?何故深思高举,自令放为[9]?"

屈原曰:"吾闻之,新沐者必弹冠,新浴者必振衣[10],安能以身之察察,受物之汶汶者乎[11]?宁赴湘流,葬身于江鱼之腹中,安能以皓皓之白,而蒙世俗之尘埃乎?"

渔父莞尔而笑[12],鼓枻而去[13]。歌曰:"沧浪之水清兮,可以濯吾缨[14];沧浪之水浊兮,可以濯吾足。"遂去,不复与言。

【注释】

[1] 本篇是屈原死后楚国人为悼念他而记载下来的有关传说。渔父:渔翁。父(fǔ),男子的美称。
[2] 潭:水渊。江潭,在这里泛指江湖之间。
[3] 泽畔:等于说水边。
[4] 三闾大夫:楚国官名,主管楚国屈、景、昭三姓王族的事物。屈原曾任三闾大夫。
[5] 见:被。
[6] 物:指客观时势。
[7] 淈(gǔ):浑浊,这里用作使动,弄浑浊。
[8] 餔(bū):吃。糟:酒糟。歠(chuò):同"啜",喝。醨(lí):薄酒。
[9] 自令放:自己招致放逐。为:句末语气词,表示疑问。
[10] 沐:洗头。浴:洗澡。弹冠,振衣:指去掉衣帽上的灰尘。
[11] 察察:洁白。汶汶(ménmén):污浊。
[12] 莞(wǎn)尔:微笑的样子。
[13] 鼓:拍打。枻(yì):船旁板。
[14] 沧浪:水名。濯(zhuó):洗涤。缨:帽带子。

## （三）自祭文[1]

陶渊明

**【作家简介】** 陶渊明(公元365~427)，名潜，一说名渊明，字元亮，浔阳柴桑(今江西九江)人。曾做过彭泽令等小官，后因不愿"为五斗米折腰"而辞官，回家从事耕作。死后谥"靖节"。陶渊明是我国古代的伟大诗人，他崇尚自然，其诗歌平淡朴素而意味深长，特别是他在诗中写出了亲自耕作的切身感受，这是和后世的一些田园诗很不相同的。

**【阅读提示】** 这是陶渊明为自己写的祭文，表现了他对人生和死亡的与众不同的看法。他活的时候没有世人的那种追求，面对死亡也很达观。但他是否真的那样无忧无虑呢？看一看最后两句"人生实难，死如之何"就可以明白了。

岁惟丁卯，律中无射[2]。天寒夜长，风气萧索；鸿雁于征[3]，草木黄落。陶子将辞逆旅之馆[4]，永归于本宅。故人凄其相悲，同祖行于今夕[5]，羞以嘉蔬，荐以清酌[6]。候颜已冥[7]，聆音愈漠。呜呼哀哉！

茫茫大块，悠悠高旻[8]，是生万物，余得为人。自余为人，逢运之贫。箪瓢屡罄，绤绤冬陈[9]。含欢谷汲，行歌负薪[10]。翳翳柴门，事我宵晨[11]。春秋代谢，有务中园[12]，载耘载籽，乃育乃繁[13]。欣以素牍，和以七弦[14]。冬曝其日，夏濯其泉。勤靡余劳，心有常闲。乐天委分，以至百年[15]。

惟此百年，夫人爱之[16]。惧彼无成，愒日惜时[17]。存为世珍，没亦见思[18]。嗟我独迈，曾是异兹[19]。宠非己荣，涅岂吾缁[20]。捽兀穷庐[21]，酣饮赋诗。识运知命，畴能罔眷[22]。余今斯化[23],可以无恨。寿涉百龄,身慕肥遁[24]。从老得终,奚所复恋!寒暑逾迈,亡既异存[25]。外姻晨来,良友宵奔[26]。葬之中野[27],以安其魂。窅窅我行,萧萧墓门[28]。奢耻宋臣,俭笑王孙[29]。廓兮已灭,慨焉已遐[30]。不封不树[31],日月遂过。匪贵前誉,孰重后歌[32]?人生实难,死如之何[33]?呜呼哀哉!

【注释】

[1] 祭文是文体的一种,一般是韵文。本来是生者为哀悼死者而作,而本文则是作者生前为自己作的,也是他最后的一篇作品(作于宋文帝元嘉四年九月,作者卒于是年十一月)。
[2] 惟:句中语气词。律:乐律。中(zhòng):正值。无射(yì):十二律之一。古代以乐律的十二律和一年的十二月相对应,无射相当于九月。"律中无射"等于说时值九月。
[3] 于:词头。征:行,这里指飞行。
[4] 陶子:作者自称。逆:迎。逆旅之馆:迎接旅客之馆,即旅馆,这里喻人世。
[5] 祖:出行时祭路神。祖行:这里指出殡前一夕的祭奠。
[6] 羞:进献。荐:献。清酌,祭奠所用的酒的专称。
[7] 候:伺望。冥:杳冥,无影无踪。
[8] 大块:指大地。旻(mín):天。高旻:指上天。
[9] 罄:空,尽。絺(chī):细麻布。绤(xì):粗麻布。陈:陈列,指穿出来。
[10] 谷汲:在山谷里打水。行歌:一面走一面唱歌。
[11] 翳翳:昏暗不明的样子。事我宵晨:等于说伴我晨昏。
[12] 有务:有事,指下面所说的耘耔。中园:即园中。
[13] 载:词头。耘:除草。耔(zǐ):培土。育:培育。繁:繁殖。
[14] 素牍:指书籍。七弦:指七弦琴。

25

[15] 乐天:乐从天道。《周易·繫辞上》:"乐天知命,故不忧。"委:随顺。委分(fèn):等于说守本分。百年:等于说一生。
[16] 夫(fú)人:泛指众人,等于说人人。
[17] 愒(kài):贪。
[18] 存:活着。为世珍:等于说被世人重视。没,死亡。
[19] 迈:行。曾:乃,竟。兹:此。指众人所抱的这种态度。
[20] 宠:荣。涅(niè):黑色染料。缁(zī):黑。这句是说虽周围有污浊,但我的品质不受影响。《论语·阳货》:"不曰白乎,涅而不缁。"
[21] 捽兀(zúwù):意气高傲的样子。穷庐:指陋的居室。
[22] 畴:句首语气词。罔:无。这句是说,因为识运知命,所以对人世没有眷恋。
[23] 化:等于说死。
[24] 涉:经历。肥遁(dùn):高隐。《周易·遁》:"肥遁无不利。"(肥,饶裕之意。孔颖达疏:"遁之最优,故曰'肥遁'。")
[25] 两句指岁月流逝,死亡到来,死和生不一样。
[26] 奔:指奔丧。
[27] 中野:旷野之中。《周易·繫辞下》:"古之葬者……葬之中野,不封不树。"
[28] 窅窅(yǎoyǎo):深远的样子。萧萧:风声。
[29] 宋臣:指春秋时宋国的司马桓魋,他用石椁下葬。王孙:指西汉的杨王孙,他临终前嘱咐他儿子把他裸葬。
[30] 廓(kuò):空寂。遐:远,这里指远去。
[31] 封:聚土,这里指聚土为坟。树:种树,这里指在墓旁种树。
[32] 匪:通"非",不。前誉:指生前的荣誉。后歌:指死后的歌颂。
[33] 人活着很难,死了又怎么样呢?

## （四）宋词二首

### 1. 鹊桥仙[1]

陆 游

【作者简介】 陆游(1125～1210)，字务观，号放翁，越州山阴（今浙江绍兴）人。曾任枢密院编修、礼部郎中等官。因主张抗金受到排挤，晚年闲居山阴。陆游是我国古代伟大的爱国诗人，临终前还告诉儿子："王师北定中原日，家祭无忘告乃翁！"有《渭南文集》和《剑南诗稿》。

【阅读提示】 这首词是作者晚年闲居山阴三山故居时所作。表面上是说他很满足于镜湖边的闲居生活，但作者的愤懑之情尽在不言中。

华灯纵博，雕鞍驰射，谁记当年豪举[1]？酒徒一一取封侯[2]，独去作江边渔父[3]。 轻舟八尺，低篷三扇，占断蘋洲烟雨[4]。镜湖元自属闲人[5]，又何必官家赐与[6]！

【注释】
[1] 这两句是回忆1172年作者在汉中抗金前线时的军旅生活。纵博，纵情博戏。
[2] 酒徒：郦食其对刘邦自称"高阳酒徒"。这里指平庸之辈。
[3] 这句是说自己独自去江边过隐逸的生活。
[4] 占断，等于说占尽，也就是独享的意思。蘋洲，长有蘋草的小洲。蘋洲烟雨，泛指水边的美景。

[5] 镜湖,又名鉴湖,在绍兴南,临近作者的住所。元自,等于说本自。
[6] 官家赐与,唐代诗人贺知章晚年回到山阴故里当道士,请朝廷赐湖数顷做放生池,于是皇帝"有诏赐镜湖剡川一曲"。官家,对皇帝的称呼。

## 2. 鹧鸪天

辛弃疾

**【作者简介】** 辛弃疾(1149~1207),字幼安,号稼轩,济南人。曾任湖南湖北转运副使等职。力主恢复中原,但未被朝廷采纳。他继承了苏轼豪放的词风又有所发展,对后世有很大的影响。

**【阅读提示】** 和陆游的词一样,这首词表面上说安于农家生活,实际上是因壮志未酬而感慨万端。

有客慨然谈功名,因追念少年时事[1],戏作。

壮岁旌旗拥万夫[2],锦襜突骑渡江初[3]。燕兵夜娖银胡䩮,汉箭朝飞金仆姑[4]。　　追往事,叹今吾,春风不染白髭须[5]。却将万字平戎策,换得东家种树书[6]。

【注释】

[1] 少年时事:辛弃疾出生时,中原已被金人占据,他21岁时组织了一支义军,与金兵激战,投归南宋。
[2] 旌旗:指军旗。拥万夫:统领人数众多的部队。
[3] 锦襜(chān):这里指精美的军服。襜:即襜褕,一种直襟短衣。突骑:能突破敌阵的骑兵。
[4] 燕兵:指金兵。娖(chuò):整顿。银胡䩮(lù):银色的箭袋。

金仆姑:箭名。《左传》庄公十一年,鲁庄公"以金仆姑射南宫长万"。
[5] 追:追忆。今吾:今天的我。髭(zī姿):嘴上边的胡子。
[6] 平戎策:指作者以前向南宋统治者所上《美芹十论》、《九议》等条陈。东家:东邻。

# 第三单元

关心人民疾苦，是我国古代文学的优良传统。几千年来，中国的百姓经历了无数的苦难。庙堂诗人无视这种现实而一味地歌功颂德，隐逸诗人逃避这种现实而寻找个人的安逸，这些作品大都被时间所淘汰。而那些以深厚的同情心和强烈的责任感记录了人民苦难的诗文，在文学史上永放光辉。本单元所选的四篇都是这一类作品。

# (一) 七哀诗(之一)

王 粲

**【作家简介】** 王粲(177~217),字仲宣,山阳高平(今山东邹县)人。"建安七子"之一。有《王侍中集》。

**【阅读提示】** 王粲有一篇《登楼赋》,是他在荆州城楼上登高远眺,怀念故乡之作,文笔优美,为后世传诵。但就反映人民疾苦这一点来说,这首《七哀诗》应该说价值更高。面对着母亲被迫抛弃孩子的人间惨剧,有良心的作家怎么能无动于衷呢?

西京乱无象,豺虎方遘患[1]。复弃中国去,远身适荆蛮[2]。亲戚对我悲,朋友相追攀。出门无所见,白骨蔽平原。路有饥妇人,抱子弃草间。顾闻号泣声,挥涕独不还。未知身死处,何能两相完[3]。驱马弃之去,不忍听此言。南登霸陵岸,回首望长安[4]。悟彼下泉人,喟然伤心肝[5]。

【注释】
[1] 西京:长安。豺虎:指董卓的部将李傕、郭汜。遘:造。东汉末年天下大乱,董卓的军队在长安大肆焚烧掳掠。
[2] 中国:中原。荆蛮:指荆州。王粲从长安逃到荆州,依附刘表。
[3] 这两句是说:妇人自己都未知身死何处,带着孩子哪能两相保全。
[4] 霸陵:地名,在今陕西长安县东,汉文帝的陵墓在这里。岸:高地。
[5] 悟:领悟。下泉:《诗经·曹风》篇名。《诗序》说:"下泉,思治也。曹人……思明王贤伯也。"两句是说:现在更体会到《下泉》的作者思念贤君的心情。

## (二) 自京赴奉先县咏怀五百字[1]

杜 甫

**杜 甫**

【作家简介】 杜甫(712~770),字子美,原籍襄阳(今湖北襄阳),曾祖时迁居河南巩县。曾任右拾遗和检校工部员外郎等职,故后人称之为"杜工部"。杜甫是我国古代伟大的诗人,他的诗真实地反映了时代,被称为"诗史";在艺术上也达到了中国古典诗歌的顶峰,被后世奉为楷模。清仇兆鳌《杜少陵集详注》是杜诗较通行的注本。

【阅读提示】 这首诗是在安史之乱爆发的前夕写的。当时,唐代的社会呈现着表面的繁荣,但诗人凭着他敏锐的洞察力,揭示了隐藏在繁荣后面的尖锐的社会矛盾:"朱门酒肉臭,路有冻死骨。"诗人还从自身的不幸,想到了广大人民的痛苦,体现了作者思想的升华。他后来写的《茅屋为秋风所破歌》也表现了这种精神境界。这正是杜甫的伟大之处。

　　杜陵有布衣,老大意转拙[2]。许身一何愚,窃比稷与契[3]!居然成濩落,白首甘契阔[4]。盖棺事则已,此志常觊豁[5]。穷年忧黎元[6],叹息肠内热。取笑同学翁,浩歌弥激烈[7]。非无江海志,潇洒送日月[8]。生逢尧舜君,不忍便永诀[9]。当今廊庙具,构厦岂云缺[10]?葵藿倾太阳,物性固莫夺[11]。顾惟蝼蚁辈,但自求其穴。胡为慕大鲸,辄拟偃溟渤[12]?以兹悟生理,独耻事干谒[13]。兀兀遂至今[14],忍为尘埃没。终愧巢与由,未能易其节[15]。沈饮聊自遣,放歌颇愁绝[16]。

　　岁暮百草零,疾风高岗裂。天衢阴峥嵘,客子中夜发[17]。严霜衣带断,指直不能结[18]。凌晨过骊山,御榻在嵽嵲[19]。蚩尤塞寒空,蹴踏崖谷滑[20]。瑶池气郁律,羽林相摩戛[21]。君臣留欢娱,乐动殷胶葛[22]。赐浴皆长缨[23],与宴非短褐。彤庭所分帛[24],本自寒女出。鞭挞其夫家,聚敛贡城阙。圣人筐篚恩[25],实欲邦国活。臣如忽至理,君岂弃此物?多士盈朝廷,仁者宜战栗[26]。况闻内金盘,尽在卫霍室[27]。中堂有神仙,烟雾蒙玉质[28]。暖客貂鼠裘,悲管逐清瑟。劝客驼蹄羹,霜橙压香橘。朱门酒肉臭[29],路有冻死骨。荣枯咫尺异,惆怅难再述[30]。

　　北辕就泾渭,官渡又改辙[31]。群水从西下,极目高崒兀[32]。疑是崆峒来,恐触天柱折[33]。河梁幸未坼,枝撑声窸窣[34]。行旅相攀援,川广不可越。老妻寄异县[35],十口隔风雪。谁能久不顾,庶往共饥渴。入门闻号咷,幼子饿已卒。吾宁舍一哀?里巷亦呜咽[36]。所愧为人父,无食致夭折。岂知秋禾登,贫窭有仓卒[37]？生常免租税,名不隶征伐[38]。抚迹犹酸辛,平人固骚屑[39]。默思失业徒[40],因念远戍卒。忧端齐终南,澒洞不可掇[41]。

【注释】

[1] 奉先县:今陕西蒲城县。杜甫为求取功名在长安居留十年,直到四十四岁时,才当了一个"右卫率府胄曹参军"(太子属官)的小官。官定后,他回到奉先县探望家属,这是在天宝十四载十一月初。同年十一月初,安禄山起兵反叛。杜甫写这首诗时不知道这一事件的发生,但他在诗中把引发这场战乱的社会矛盾揭露得十分深刻。

[2] 杜陵:地名,在今陕西长安县东南,因汉宣帝陵墓杜陵而得名。杜陵东南为宣帝许皇后墓地,叫少陵。杜甫的远祖是杜陵人,他自己早年曾在少陵附近住过,因此常自称为"杜陵布衣"或"少陵野老"。转:更加。拙:笨拙,指不会处世。

[3] 稷:后稷,尧的臣子,周的始祖。契(xiè):尧的臣子,商的始祖。两句是说自己希望像稷、契一样辅佐君王成就大业。

[4] 居然:竟然。濩(huò)落:联绵字,大而无用。契阔:劳苦。

[5] 觊(jì):希望。豁:通达。两句是说,死了就算了,如果不死,就常希望这个志愿能够实现。

[6] 穷年:一年到头。黎元:老百姓。

[7] 取笑同学翁:等于说是取笑于同学翁。浩歌:大声地歌唱。

[8] 江海志,指隐居的志愿。这里十字为一句,等于说"岂无放浪江海的志愿,不想过着潇洒的生活?"

[9] 尧舜君,指玄宗。

[10] 廊庙,指朝廷。廊庙具,等于说廊庙器,即朝廷的栋梁。这里十字为一句,大意是说,当今难道缺乏朝廷的栋梁吗?

[11] 这句本曹植《求通亲亲表》："若葵藿之倾太阳,虽不为之回光,然终向之者,诚也。"葵:冬葵。藿:豆叶。古人认为葵藿向阳。莫,一本作"难"。
[12] 拟:打算。偃:偃卧。溟渤:海。这四句是说,庸人们都只顾自己营求名利,并不羡慕那些有远大抱负的人。
[13] 生理:人生的道理。干谒:向权贵求取名利。
[14] 兀兀:勤劳困苦的样子。
[15] 巢:巢父。由:许由。两人都是尧时的高士。这句话是说自己对巢由很惭愧,不能像他们那样隐居。节:节操,即学习稷与契的志向。
[16] 沈饮:沈溺于饮酒。愁绝:也写作"愁疾",忧愁。这一段写自己的志向。
[17] 天衢:指天空。阴峥嵘:阴寒之气很盛。客子,杜甫自称。中夜:半夜。
[18] 两句是说:由于严霜,手指冻僵了,连衣带断了都不能结起来。
[19] 骊(lí)山:在今陕西省临潼城东南。嵽嵲(diéniè):山高峻的样子,这里指骊山高处。唐玄宗每年十月即往骊山过冬,岁尽才回长安。
[20] 蚩尤:古代传说中的人物,据说他与黄帝作战时,曾兴起大雾,黄帝发明指南车辨明方向,才擒住了他。这里作为雾的代称。蹴(cù):踩。
[21] 瑶池:仙境,相传为西王母所居。这里指骊山上的华清池。郁律:联绵字,烟气上升很盛的样子。羽林:皇帝的禁卫军。摩戛(jiá):摩擦。这句是形容卫兵很多,兵仗互相摩擦。
[22] 殷(yǐn),震动。胶葛,联绵字,旷远的样子,这里指天空。
[23] 长缨:指达官贵族。
[24] 彤:朱红色。彤庭:指朝廷,皇帝的宫殿多用朱红涂饰。

[25] 圣人:唐人对天子的习惯称呼。筐篚(fěi):都是竹器,圆形叫筐,方形叫篚,古代用来盛币帛。
[26] 这句是说:收到赏赐的大臣如果是仁者,应该感到责任重大。
[27] 内金盘:这里泛指宫内的珍贵器物。卫:指卫青。霍:指霍去病。两人都是汉武帝的外戚,深得宠幸。这里影射杨国忠兄弟姊妹。
[28] 神仙:指歌姬舞妓。烟雾:形容衣裳的轻薄飘举。玉质:指洁美的肌肤。
[29] 朱门:古代王侯以朱涂户。这里指贵族之家。
[30] 这一段写从长安到奉先,途经骊山时心中的感慨。
[31] 两句是说:到了泾渭二水交会昭应县(即今临潼)北的渡口,就改变方向,车朝北走。官渡:官家设立的渡口。
[32] 群冰:河中的冰块。崒(zú)兀:高峻而危险的样子。
[33] 崆峒:山名,在今甘肃省境内。天柱:神话中昆仑山上的铜柱,高入天际。
[34] 梁:桥。坼(chè):裂开,分裂。枝撑:指桥的支柱。窸窣(xīsū):象声词,这里形容桥柱动摇所发出的声音。
[35] 寄:托身。异县:指奉先。
[36] 这两句是说,连邻居都悲伤,难道我不悲伤吗?
[37] 贫窭(jù):贫穷。仓卒(cù):联绵字,匆忙的样子。这里指突然发生的事情,即幼子夭折。
[38] 封建时代,士大夫可以免缴租税和免服兵役。
[39] 抚迹:指追念家中的惨况。平人,平民,即下文所说的"失业徒"和"远戍卒"。骚屑:联绵字,本义是形容风声,这里表示骚动不安的样子。
[40] 失业:没有家业。
[41] 忧端:忧思的端绪。终南:终南山。澒(hòng)洞:联绵字,水浩大的样子,指忧思如水汗漫无边。掇(duō):收拾。

## （三）捕蛇者说

柳宗元

**【作者简介】** 柳宗元（773～819），河东（今山西永济县）人。年轻时参加王叔文集团，希望改革时政，被贬为永州司马，后任柳州刺史。是我国古代著名的散文家和诗人，也是著名的思想家。有《柳河东集》。

**【阅读提示】** 从这篇作品中可以清楚地看到传统思想对后代作家的影响。从"苛政猛于虎"，到"苛政毒于蛇"显然是一脉相承的。儒家提倡仁爱，主张推己及人，反对横征暴敛，这对中国古代作家有很大影响，使他们关注人民的生活，对苛政提出批评和抨击。

---

永州之野产异蛇[1]，黑质而白章[2]，触草木，尽死，以啮人，无御之者。然得而腊之以为饵[3]，可以已大风、挛踠、瘘、疠[4]，去死肌，杀三虫[5]。其始，太医以王命聚之，岁赋其二，募有能捕之者，当其租入，永之人争奔走焉。

有蒋氏者，专其利三世矣。问之，则曰："吾祖死于是，吾父死于是，今吾嗣为之十二年，几死者数矣。"言之，貌若甚戚者。余悲之，且曰："若毒之乎[6]？余将告于莅事者[7]，更若役[8]，复若赋，则何如？"

蒋氏大戚，汪然出涕。曰："君将哀而生之乎？则吾斯役之不幸，未若复吾赋不幸之甚也。向吾不为斯役[9]，则久已病矣。自吾氏三世居是乡，积于今六十岁矣，而乡邻之生日蹙。殚其地之出，竭其庐之入，号呼而转徙，饥渴而顿踣[10]，触风雨，犯寒暑，呼嘘毒疠，往往而死者相藉也[11]。曩与吾祖居者，今其室十无一焉;与吾父居者,今其室十无二三焉;与吾居十二年者,今其室十无四五焉,非死而徙尔。而吾以捕蛇独存。悍吏之来吾乡,叫嚣乎东西,隳突乎南北[11],哗然而骇者,虽鸡狗不得宁焉。吾恂恂而起[12],视其缶,而吾蛇尚存,则弛然而卧。谨食之[13],时而献焉。退而甘食其土之有,以尽吾齿。盖一岁之犯死者二焉,其余则熙熙而乐,岂若吾乡邻之旦旦有是哉!今虽死乎此,比吾乡邻之死则已后矣,又安敢毒耶!"

余闻而愈悲。孔子曰:"苛政猛于虎也。"吾尝疑乎是,今以蒋氏观之,犹信。呜呼!孰知赋敛之毒,有甚是蛇者乎!故为之说,以俟夫观人风者得焉[14]。

【注释】

[1] 永州:唐代郡名,治所在今湖南零陵县。
[2] 质:质地。章:花纹。
[3] 腊(xī):乾肉。这里用作动词,做成乾肉。饵:指药饵。
[4] 已:指治愈。大风:麻风病。挛踠:手脚拳曲。瘘:颈肿。疠:疥疮。
[5] 三虫:使人生病的虫。说法不一。
[6] 若:你。
[7] 莅(lì)事者:指地方官。莅:临。
[8] 更:更换。役:指为朝廷捕蛇之事。
[9] 嚮:假使。
[10] 顿踣(bó):跌倒。比喻困顿。
[11] 藉(jiè):枕藉。形容死者之多。
[12] 隳(huī)突:横行。
[13] 食(sì):同"饲"。
[14] 人风:即"民风"。因避李世民讳而改"民"为"人"。观人风

者:指朝廷派遣的了解民情的官员。

## 附:苛政猛于虎

《礼记》

孔子过泰山侧,有妇人哭于墓者而哀。夫子式而听之[1]。使子路问之曰:"子之哭也,壹似重有忧者[2]。"而曰:"然。昔者,吾舅死于虎[3],吾夫又死焉,今吾子又死焉。"夫子曰:"何为不去也[4]?"曰:"无苛政。"夫子曰:"小子识之[5],苛政猛于虎也。"(檀弓下)

【注释】
[1] 式:同"轼",车前横木,这里用如动词,扶轼。孔子扶轼是表示关注。
[2] 壹:副词,表示肯定,有"实在"、"的确"等意思。重(chóng):重叠。
[3] 舅:指丈夫的父亲。
[4] 去:离开。
[5] 小子:老师叫学生可称小子。这里指子路。识(zhì),记住。

# (四)杜陵叟[1]

白居易

**白居易**

【阅读提示】 这首诗是白居易的《新乐府》五十首的第三十首。《新乐府》是作者元和四年(公元809年)任左拾遗时写的一组揭露社会黑暗和政治上过失的讽喻诗。这首《杜陵叟》愤怒地斥责了地方官吏的横征暴敛,并反映了封建社会法令的虚伪性。

杜陵叟,杜陵居,岁种薄田一顷余。三月无雨旱风起,麦苗不秀多黄死[2]。九月降霜秋早寒,禾穗未熟皆青干。长吏明知不申破,急敛暴征求考课[3]。典桑卖地纳官租,明年衣食将何如?剥我身上帛,夺我口中粟。虐人害物即豺狼,何必钩爪锯牙食人肉!不知何人奏皇帝,帝心恻隐知人弊[4]。白麻纸上书德音,京畿尽放今年税[5]。昨日里胥方到门,手持尺牒牓乡村[6]。十家租税九家毕,虚受吾君蠲免恩[7]。

[1] 题下原有小序:"伤农夫之困也。"
[2] 秀:植物抽穗开花。
[3] 长吏:这里指地位较高的县级官吏。申破:向上陈述,说明真实情况。求考课:指在考课中求得升迁。考课:封建时代对官吏按时的考核。
[4] 人弊:即"民弊",百姓的痛苦。
[5] 白麻纸:唐代中书省用的公文纸有黄麻纸和白麻纸两种,重要的命令都写在白麻纸上。德音:唐代一种下达到百姓的诏书,内容是宣布皇帝的恩德。京畿(jī):京城附近。放:免。元和四年春,白居易和李绛联名奏请宪宗,免除江淮等地当年的赋税,为宪宗所采纳。
[6] 里胥:指里正等。唐代以一百户为一里,设里正。胥:小吏。尺牒:公文。这里指宣布免税的公文。牓:张贴文书。
[7] 蠲(juān):免除。

# 第四单元

现实世界中既然有这么多痛苦,人们就不免向往理想世界。《桃花源记》是最为人们熟知的一个理想世界。在陶渊明之后,有许多诗文来描述这个世外桃源,王维的《桃源行》就是用诗的语言创造了一个优美的意境。其实思想家早就对理想世界作过清楚的表述,那就是儒家经典《礼记》中的"大同"。道家也有自己的理想世界,表现在《庄子·马蹄》中。

# （一）桃花源记

陶渊明

【阅读提示】 这篇短短的《桃花源记》为什么会有这么大的影响？陶渊明笔下的"桃花源"究竟和现实世界有什么不同？《桃花源记》和《桃花源诗》所描写的有无不同？为什么《桃花源诗》的影响不及《桃花源记》？请再读一遍这篇熟悉的文章，并结合《桃花源诗》想一想。

晋太元中，武陵人捕鱼为业[1]，缘溪行，忘路之远近。忽逢桃花林，夹岸数百步，中无杂树，芳草鲜美，落英缤纷。渔人甚异之。复前行，欲穷其林。林尽水源，便得一山。山有小口，仿佛若有光。便舍船，从口入。初极狭，才通人，复行数十步，豁然开朗。土地平旷，屋舍俨然，有良田美池桑竹之属。阡陌交通，鸡犬相闻。其中往来种作，男女衣着，悉如外人。黄发垂髫[2]，并怡然自乐。

见渔人，乃大惊，问所从来。具答之。便要还家[3]，设酒杀鸡作食。村中闻有此人，咸来问讯。自云先世避秦时乱，率妻子邑人来此绝境，不复出焉，遂与外人间隔。问今是何世，乃不知有汉，无论魏、晋。此人一一为具言所闻，皆叹惋。余人各复延至其家[4]，皆出酒食。停数日，辞去。此中人语云："不足为外人道也。"

既出，得其船，便扶向路[5]，处处志之[6]。及郡下[7]，诣太守，说如此。太守即遣人随其往，寻向所志，遂迷，不复得路。

南阳刘子骥[8]，高尚士也。闻之，欣然规往[9]。未果，寻病终[10]。后遂无问津者[11]。

【注释】

[1] 太元:东晋孝武帝的年号(公元376～396年)。武陵:东晋郡名,郡治在今湖南常德市附近。
[2] 黄发:指老人。古人认为老人头发由白转黄是一种长寿的象征。垂髫(tiáo):指儿童。髫:儿童下垂的头发。
[3] 要(yāo):邀请。
[4] 延:引进,邀请。
[5] 扶:沿着。向路:旧路,指渔人来时的路。
[6] 志:作标记。
[7] 郡下:郡治所在地,指武陵。
[8] 南阳:今河南南阳县。刘子骥:名驎之。见《晋书·隐逸传》。
[9] 规:打算。
[10] 未果:没有实现。寻:不久。
[11] 问津:本指探询渡口,这里是访求的意思。

## 附:桃花源诗

陶渊明

嬴氏乱天纪[1],贤者避其世。黄绮之商山,伊人亦云逝[2]。往迹浸复湮[3],来径遂芜废。相命肆农耕[4],日入从所憩。桑竹垂餘荫,菽稷随时艺[5]。春蚕收长丝,秋熟靡王税[6]。荒路暧交通,鸡犬互鸣吠。俎豆犹古法[7],衣裳无新制。童孺纵行歌,斑白欢游诣。草荣识节和,木衰知风厉[8]。虽无纪历志,四时自成岁[9]。怡然有餘乐,于何劳智慧?奇踪隐三百,一朝敞神界。淳薄既异源,旋复还幽蔽。借问游方士,焉测尘嚣外[10]?愿言蹑轻风,高举寻吾契[11]。

【注释】
[1] 嬴氏:指秦始皇。
[2] 黄绮:夏黄公和绮里季,是秦末汉初的隐士"商山四皓"中的两人。这里以此二人指商山四皓。商山:山名,在今陕西商县东南。伊人:这些人,指桃花源中人。云:语气词。逝:离去。
[3] 浸:渐渐。
[4] 肆:努力从事。
[5] 艺:种植。
[6] 靡:无。
[7] 俎豆:祭祀用的礼器。
[8] 荣:草开花。木衰:指树叶凋落。
[9] 纪历志:历法的记载。
[11] 言:语气词。吾契:与我契合的人。

# （二）桃源行

王　维

**【作者简介】**　王维（701～761），字摩诘，原籍太原祁州（今山西祁县）人，其父迁居于蒲（今山西永济县）。官至尚书右丞。王维是我国古代著名的诗人，尤以山水田园诗著称。有《王右丞集》。

**【阅读提示】**　这首诗是根据《桃花源记》写的，把桃花源的意境写得很美。但陶渊明的《桃花源记》写的是一个"尘嚣外"的"人境"，而王维《桃源行》则是一个仙境。为什么有这种不同？请大家想一想。

---

　　渔舟逐水爱山春，两岸桃花夹去津。坐看红树不知远，行尽青溪不见人。山口潜行始隈隩，山开旷望旋平陆[1]。遥看一处攒云树，近入千家散花竹。樵客初传汉姓名，居人未改秦衣服。居人共住武陵源，还从物外起田园。月明松下房栊静[2]，日出云中鸡犬喧。惊闻俗客争来集，竞引还家问都邑。平明闾巷扫花开，薄暮渔樵乘水入。初因避地去人间，及至成仙遂不还。峡里谁知有人事，世中远望空云山。不疑灵境难闻见，尘心未尽思乡县。出洞无论隔山水，辞家终拟长游衍[3]。自谓经过旧不迷，安知峰壑今来变。当时只记入山深，青溪几度到云林。春来遍是桃花水，不辨仙源何处寻。

---

**【注释】**
[1] 隈隩(yù)：狭窄。旋：立即。
[2] 房栊：房舍。
[3] 游衍：恣意游玩。

## (三) 大同

《礼记》

【作品简介】《礼记》是对礼的解释和儒家有关言论的记录，为孔子弟子及后学者所记。汉代有两个本子，戴德所辑称《大戴礼记》，原有八十五篇，现存三十九篇；戴德之侄戴圣所辑称《小戴礼记》，四十九篇。东汉郑玄为《小戴礼记》作注，唐孔颖达作疏，这就是通行的《礼记注疏》，为"十三经"之一。

【阅读提示】 如果说《桃花源记》是对理想世界的艺术的描绘，那么，《大同》就是对理想世界的理论的概括。"大同"是儒家的最高政治理想，那时"天下为公"，所以"老有所终，壮有所用，幼有所长，矜寡孤独废疾者皆有所养"。这一理想对后世影响极大，孙中山题写"天下为公"四字，说明他深受"大同"思想的影响。

昔者仲尼与于蜡宾[1]，事毕，出游于观之上[2]，喟然而叹。仲尼之叹，盖叹鲁也。言偃在侧曰[3]："君子何叹？"

孔子曰："大道之行也，与三代之英[4]，丘未之逮也[5]，而有志焉。大道之行也，天下为公。选贤与能[6]，讲信修睦[7]。故人不独亲其亲，不独子其子，使老有所终，壮有所用，幼有所长，矜寡孤独废疾者皆有所养[8]，男有分[9]，女有归[10]。货恶其弃于地也，不必藏于己；力恶其不出于身也，不必为己。是故谋闭而不兴[11]，盗窃乱贼而不作，故外户而不闭[12]，是谓大同[13]。今大道既隐，天下为家。各亲其亲，各子其子，货力为己；大人世及以为礼[14]，城郭沟池以为固[15]，礼义以为纪[16]，以正君臣[17]，以笃父子[18]，以睦兄弟，以和夫妇，以设制度，以立田里[19]，以贤勇知[20]，以功为己。故谋用是作，而兵由此起。禹汤文武成王周公,由此其选也[21]。此六君子者,未有不谨于礼者也。以著其义[22],以考其信[23],著有过[24],刑仁讲让[25],示民有常[26]。如有不由此者[27],在埶者去[28],众以为殃[29],是谓小康[30]。"(礼运)

【注释】

[1] 与(yù)于蜡宾:参加到蜡祭陪祭者的行列里边。蜡(zhà),古代国君年终祭祀叫蜡。宾,指陪祭者。
[2] 观(guàn):宗庙门外两旁的高建筑物。又名阙。
[3] 言偃:孔子的弟子,姓言名偃,字子游。
[4] 三代:指夏商周。英,杰出的人物,这里指禹汤文武。
[5] 逮(dài):赶上。
[6] 与:通"举"。
[7] 讲:讲求。信:信用。修:搞好。睦:和睦。
[8] 矜:通"鳏"(guān),老而无妻。
[9] 分(fèn),职分,职务。
[10] 归:出嫁,这里指夫家。
[11] 谋:计谋。
[12] 外户:从外面把门扇合上。闭:用门闩插门。
[13] 大同:高度的同。即自己和他人都一样对待。
[14] 大人:指天子诸侯。父子相传叫"世",兄弟相传叫"及"。"世及"是介词"以"的宾语,提前。下两句同。
[15] 沟池:指护城河。
[16] 纪:纲纪,准则。
[17] 以:介词,后面省掉宾语"之"(指礼)。下七句同。
[18] 笃:纯厚。这里用作使动。
[19] 田里:田地和住处。

［20］ 贤：用作意动。知(zhì)：后来写作"智"。
［21］ 选：杰出的人物。
［22］ "以"下省宾语"之"(指礼)。著：显露。这里是使动用法。
［23］ 考：成全。
［24］ "以著其有过"之省。用[礼]来揭露[他们]有过错的事。
［25］ 刑：法则。这里用作动词，以……为法则。讲，提倡。
［26］ "以示民有常"之省。用[礼]指示给人民要有常规。
［27］ 由，用。此，指礼。
［28］ 埶：后来写作"势"。这里指职位。去，罢免。
［29］ 殃：祸害。
［30］ 小康，小安。

**唐代吴道子所作孔子行教像**

## (四) 马蹄(节选)

庄 子

**庄 子**

【作品简介】 庄子名周,战国时蒙(今河南商丘县)人。生卒年不详,大约和孟子同时或稍后。曾做过漆园吏。和老子同是道家的创始人,世称"老庄"。它的学说记载在《庄子》一书中。《庄子》内篇7篇,外篇15篇,杂篇11篇。历来认为内篇大抵是庄周自著,外篇、杂篇是庄周后学所作。道家思想对中国传统文化影响很大,要了解中国传统文化,不可不知道儒、道、释。

【阅读提示】 道家的理想是"自然"。他们主张"无为",主张一切随顺自然,反对一切人为的东西,认为人的所作所为都是对事物本性的破坏;尤其反对儒家的"仁义"、"礼乐",批评儒家是"毁道德以为仁义",这和老子的思想是一脉相承的(见第15单元《老子》选")。要让世界回复到原始状态是不可能的。但在自然遭到严重破坏的今天,读一读这篇文章,也许不无好处。

马,蹄可以践霜雪,毛可以御风寒。龁草饮水[1],翘足而陆[2],此马之真性也。虽有义台路寝[3],无所用之。及至伯乐曰:"我善治马。"烧之剔之,刻之雒之[4],连之以羁馽[5],编之以皂栈[6],马之死者十二三矣。饥之渴之,驰之骤之,整之齐之,前有橛饰之患[7],而后有鞭筴之威[8],而马之死者已过半矣。陶者曰[9]:"我善治埴[10]。"圆者中规,方者中矩。匠人曰[11]:"我善治木。"曲者中钩,直者应绳。夫埴木之性,岂欲中规矩钩绳哉?然且世世称之曰:"伯乐善治马,而陶匠善治埴木。"此亦治天下者之过也。

吾意善治天下者不然。彼民有常性,织而衣,耕而食,是谓同德。一而不党[12],命曰天放[13]。故至德之世,其行填填[14],其视颠颠[15],当是时也,山无蹊隧,泽无舟梁。万物群生,连属其乡。禽兽成群,草木遂长[16]。是故禽兽可系羁而游,鸟鹊之巢可攀援而窥[17]。夫至德之世,同与禽兽居,族与万物并,恶乎知君子小人哉?同乎无知,其德不离。同乎无欲,是谓素朴[18]。素朴而民性得矣。及至圣人。蹩躠为仁[19],踶跂为义[20],而天下始疑矣。澶漫为乐[21],摘僻为礼[22],而天下始分矣。故纯朴不残,孰为牺尊[23]?白玉不毁,孰为珪璋[24]?道德不废,安取仁义?性情不离,安用礼乐?五色不乱,孰为文采?五声不乱,孰应六律?夫残朴以为器,工匠之罪也。毁道德以为仁义,圣人之过也。

【注释】

[1] 龁(hé):咬嚼。
[2] 陆:通"踛",跳。

[3] 义台:高台。路寝:大屋。
[4] 雒:通"烙"。
[5] 羁:马络头。絷(zhí):拴马足的绳索。
[6] 皂:马槽。栈:一种编木而成的器具,放在马脚下,俗称"马床"。
[7] 橛:衔在马口中的横铁或横木。饰:橛两头的装饰。
[8] 筴:同"策",竹制的马鞭。
[9] 陶:做陶器的人。
[10] 埴(zhí):黏土。
[11] 匠:木匠。
[12] 一:混一。党:偏。
[13] 天放:天然放任。
[14] 填填:自足的样子。
[15] 颠颠:专注的样子。
[16] 遂:成。
[17] 阗:同"窥"。
[18] 素:白色的帛。朴:原始的木材。
[19] 蹩躠(biéxiè):用力的样子。
[20] 踶跂(zhìqǐ):勉强的样子。
[21] 澶漫(dànmàn):放纵的样子。
[22] 摘僻:烦琐的样子。
[23] 牺(suō)尊:牺牛形的酒器。
[24] 珪(guī)璋:两种玉器。

# 第五单元

写景和抒情是文学作品的擅长。在《诗经》、《楚辞》中,就有很出色的景物描写,但专为写景而作的诗文,要到"文学自觉"的时代——魏晋南北朝才出现。本单元所选的《水经注·江水》就是其中很优秀的一篇。以后,历代都有不少写景的名篇,本单元选了李白的一首诗和柳宗元的一篇文作为代表。作家在写景的时候总是融入自己的感情的,这在柳宗元的《钴鉧潭西小丘记》中看得很清楚。而欧阳修的《秋声赋》则是一篇抒情的名作。《秋声赋》和刘禹锡的四首诗都是写对秋天的感受,但感情很不一样,两者可以参看。

# （一）江水

*《水经注》*

**【作品简介】**　《水经》是一部记载水道的地理著作，旧题汉桑钦撰。据考证，作者大概是三国时人，姓名不可考。北魏郦道元作《水经注》大大丰富了《水经》的内容，资料超过原书20倍，记载了全国水道1252条，并记载了水道所经之处的地形、物产、景色以及相关的历史、传说等，有重要的文献价值；而且，文笔优美，有不少篇章是优美的散文。

**【阅读提示】**　本篇选自《水经注》卷三十四《江水》。这是长江万里锦绣图中一幅出色的画卷。长江的景色，是古已有之的。但到了"文学自觉"的时代，人们用艺术的眼光去欣赏它，才更充分地发掘出其中的美。

江水又东，迳巫峡[1]，杜宇所凿以通江水也[2]。郭仲产云[3]："按地理志，巫山在县西南，而今县东有巫山，将郡县居治无恒故也[4]！"江水历峡，东，迳新崩滩[5]。此山汉和帝永元十二年崩[6]，晋太元二年又崩[7]。当崩之日，水逆流百余里，涌起数十丈。今滩上有石，或圆如箪，或方似笥[8]，若此者甚众，皆崩崖所陨，致怒湍流[9]，故谓之新崩滩。其颓岩所余，比之诸岭，尚为竦桀[10]。其下十余里[11]，有大巫山，非惟三峡所无[12]，乃当抗峰岷峨，偕岭衡疑[13]，其翼附群山，并概青云，更就霄汉辨其优劣耳[14]！神孟涂所处[15]。《山海经》曰："夏后启之臣孟涂，是司神于巴[16]，巴人讼于孟涂之所，其衣有血者执之[17]，是请生，居山上，在丹山西[18]。"郭景纯云："丹山在丹阳，属巴[19]。"丹山西即巫山者也。又帝女居焉[20]。宋玉所谓："天帝之季女,名曰瑶姬,未行而亡,封于巫山之阳。精魂为草,寔为灵芝[21]。"所谓"'巫山之女,高唐之阻[22],旦为行云,暮为行雨,朝朝暮暮,阳台之下[23]。'旦早视之,果如其言[24]。故为立庙,号朝云焉[25]。"其间首尾百六十里[26],谓之巫峡,盖因山为名也[27]。

自三峡七百里中[28],两岸连山,略无阙处[29]。重岩迭嶂[30],隐天蔽日;自非亭午夜分,不见曦月[31]。至于夏水襄陵,沿溯阻绝[32];或王命急宣[33],有时朝发白帝,暮到江陵[34],其间千二百里,虽乘奔御风,不以疾也[35]。春冬之时,则素湍绿潭,回清倒影[36];绝巘多生怪柏[37],悬泉瀑布,飞漱其间;清荣峻茂,良多趣味[38]。每至晴初霜旦,林寒涧肃;常有高猿长啸,属引凄异[39],空谷传响[40],哀转久绝。故渔者歌曰:"巴东三峡巫峡长[41],猿鸣三声泪沾裳!"

【注释】

[1] 江:长江。巫峡:在四川巫山县东。
[2] 杜宇:古代传说中蜀国的一个帝王,据说他派人凿通巫峡。
[3] 郭仲产:南朝刘宋时人,曾著《荆州记》。
[4] 地理志:指《汉书·地理志》。《汉书·地理志》巫县下应劭注:"巫山在西南"。将:副词,表揣测语气。治:指政府机关所在地。汉代刺史"居无常治",即没有固定的治所。
[5] 新崩滩:在今湖北巴东县西,四川巫山县东。滩:水浅多石而水流急的地方。
[6] 永元十二年:公元100年。永元:东汉和帝(刘肇)的年号。此句见《后汉书·五行志》,记载的是秭归山。
[7] 太元二年:公元377年。太元:东晋孝武帝(司马曜)的年号。
[8] 箪(dān):古代盛饭的圆形竹器。笥(sì):古代盛饭或盛衣服

的方形竹器。这里都是形容石头的形状和大小。
[9] 致:以致。怒湍(tuān)流:使激流水势汹涌。
[10] 颓(tuí):倾颓。坍塌。巖:高峻的山岩。竦桀(sǒngjié):高耸的样子。竦:通"耸",耸立。桀:突出。
[11] 其:它的,指新崩滩。
[12] 三峡:瞿(qú)塘峡,巫峡,西陵峡的总称。在四川奉节县和湖北宜昌市之间。瞿塘峡:在四川奉节县东。西陵峡:在湖北宜昌市西。这句的意思是,大巫山是三峡最高峻的山峰。
[13] 抗峰岷峨:跟岷山、峨嵋山争高低。偕岭衡疑:同衡山、九疑山相并列。偕岭:指山岭同样高。
[14] 翼:遮护的意思。附:用作使动,使……依附,这里是统领的意思。并、概:都是平列的意思。就:到……去。霄汉:指天。霄:云霄。汉:银河。
[15] (巫山)是神孟涂所处的地方。
[16] 夏后:夏朝的君主。启:夏禹之子。是:指示代词,这人,指孟涂。司神于巴:在巴地主管神灵之事。巴:古地名,在今四川东部,包括今湖北秭归以西地区,周时为巴国,秦代设置巴郡。
[17] 讼(sòng):诉讼。执:逮捕。这句是说,理屈的人衣服有血,因此就把他抓起来了。
[18] 是:指被抓起的巴人。请生:请求让他不死。居山上:是说赦免了他,让他住在巫山上。这段引文见《山海经·海内南经》,引文与原书略有出入。
[19] 郭景纯:郭璞的字,晋代人,曾给《山海经》作注。丹阳:古地名,在今湖北秭归县。这几句应是郭璞给《山海经》作的注,在今本《山海经》上误作《山海经》本文。
[20] 帝:天帝,上帝。焉:在那里。
[21] 宋玉:战国后期楚国文学家。季女:最小的女儿。未行:指

未嫁。封:埋葬。阳:山的南面。寔:通"是",此。这段引文今见《文选》所收宋玉《高唐赋》李善的注,引自《襄阳耆旧传》。注文除最后两句没有外,文字还略有出入。

[22] 高唐:战国时楚国台馆名,在云梦泽中(今湖北监利县以北,安陆市以南)。阻:险阻。这段引文见《高唐赋》,文字略有出入。《高唐赋》说:楚怀王游高唐时见一神女,神女说自己住在"巫山之阳,高丘之阻,且为朝云,暮为行雨"。

[23] 阳台:山名,在巫山县境内。

[24] 旦早:第二天早晨。

[25] 号朝云:叫做"朝云"。

[26] 其:指巫峡。

[27] 盖:句首语气词,表示揣测。

[28] 自:这里是"在"的意思。本段是引用刘宋时盛弘之所作《荆州记》,文字略有删改。

[29] 略无:一点也没有。阙:通"缺",空缺。

[30] 嶂(zhàng):形势高险像屏障似的山。

[31] 自非:除非。亭午:正午。夜分:半夜。曦:日光。

[32] 襄陵:指水漫上山陵。出自《尚书·尧典》"荡荡怀山襄陵,浩浩滔天。"襄:动词,上,冲上。沿:顺流而下。溯(sù):同"溯",逆流而上。

[33] 或:副词,或者。这里表假设的情况。

[34] 白帝:城名,在今四川奉节县东边的山上。江陵:在今湖北江陵县。

[35] 奔:指飞奔的马。御:驾驭。不以:不以为。这里指算不上。

[36] 素湍:洁白的急流。绿潭:碧绿的深潭。回清:回旋着的清流。

[37] 绝𪩘(yǎn):极高的山顶。𪩘:山顶。

[38] 清荣峻茂:水清,树荣,山高,草茂。趣味:风味,情趣。

[39] 属引:"属音引调"的意思。古时指人的歌唱,在此形容猿啸。
[40] 响:回声。
[41] 巴东:古郡名,在今四川东部云阳县、奉节县和巫山县一带。

## (二)庐山谣寄卢侍御虚舟[1]

李 白

**【作者简介】** 李白(701~762),字太白。祖籍陇西成纪(今甘肃天水县附近)人,他的出生地说法不一,后随父迁徙入蜀,居住在绵州昌明县青莲乡(今四川绵阳县北)。曾奉唐玄宗诏入京,供奉翰林。安史之乱起,他参加永王璘幕府,后永王璘被肃宗所杀,李白也被判流放夜郎,途中遇赦。李白是我国古代伟大的诗人,他的诗风豪放飘逸,气势不凡,被誉为"诗仙"。他的诗集较通行的注本是清王琦注《李太白全集》。

我本楚狂人[2],凤歌笑孔丘。手持绿玉杖,朝别黄鹤楼。五岳寻仙不辞远,一生好入名山游。庐山秀出南斗旁,屏风九叠云锦张[3],影落明湖青黛光。金阙前开二峰长,银河倒挂三石梁[4]。香炉瀑布遥相望[5],回崖沓嶂凌苍苍。翠影红霞映朝日,鸟飞不到吴天长[6]。登高壮观天地间,大江茫茫去不还。黄云万里动风声,白波九道流雪山[7]。好为庐山谣,兴因庐山发。闲窥石镜清我心,谢公行处苍苔没[8]。早服还丹无世情,琴心三叠道初成[9]。遥见仙人彩云里,手把芙蓉朝玉京[10]。先期汗漫九垓上,愿接卢敖游太清[11]。

【注释】

[1] 卢虚舟:字幼真,肃宗时任殿中侍御史。
[2] 楚狂人:《论语·微子》:"楚狂接舆歌而过孔子,曰:'凤兮凤兮,何德之衰!'"
[3] 南斗:星名。庐山是南斗的分野。屏风九叠:庐山五老峰东

北有九叠云屏。云锦张:像绘有云纹的锦绣一样张挂。

[4] 金阙:金阙岩。二峰:慧远《庐山记》:"有石门山,其形似双阙,壁立千余仞。"三石梁:或谓即三叠泉。这些都是庐山的风景。

[5] 香炉:香炉峰,在庐山西北。

[6] 吴天:吴地的天空。

[7] 白波九道:古谓长江流至浔阳(今江西九江)后分为九道。流雪山:形容大江奔流,波涛翻滚,如同雪山。

[8] 石镜:《艺文类聚》:"(庐山)宫亭湖边旁山间有石数枚,形圆若镜,明可以鉴人,谓之石镜。"谢公:指谢灵运。曾登庐山,其《入彭蠡湖口》诗有"攀崖照石镜"之句。

[9] 还丹:道教所说的仙丹。琴心三叠:道教术语,一种修炼的工夫。《黄庭内景经》:"琴心三叠舞胎仙。"梁丘子注:"琴,和也。叠,积也。存三丹田使和积如一。"

[10] 玉京:道教所说的"元始天王"所住的地方。

[11] 《淮南子·道应》说,卢敖游北海,见一士,卢敖愿与之同游北阴,士笑曰:"吾与汗漫期于九垓之外,吾不可以久驻。"遂入云中。汗漫:不可知之。九垓:九天之外。李白反用其典,说自己已经先和汗漫约好在九天之上会面,愿意接卢敖(借指卢虚舟)去游太清。太清:道教所说的在玉清、上清之上的天,神仙所居。

## （三）钴鉧潭西小丘记

柳宗元

**【阅读提示】** 这是柳宗元著名的"永州八记"之一。柳宗元被贬永州之后，心情郁闷，"自肆于山水间"，写下了不少优美的散文。但他抑郁的心情在文章中时时流露出来，这使他笔下的山水也染上清冷的色彩。拿这篇文章和李白的诗比一比就可以感觉到了。

得西山后八日[1]，寻山口西北道二百步[2]，又得钴鉧潭[3]。潭西二十五步，当湍而浚者为鱼梁[4]。梁之上有丘焉，生竹树。其石之突怒偃蹇[5]，负土而出[6]，争为奇状者，殆不可数：其嵚然相累而下者[7]，若牛马之饮于溪；其冲然角列而上者[8]，若熊罴之登于山[9]。丘之小不能一亩，可以笼而有之[10]。问其主，曰："唐氏之弃地，货而不售[11]。"问其价，曰："止四百[12]。"余怜而售之[13]。李深源、元克己时同游[14]，皆大喜，出自意外。即更取器用[15]，铲刈秽草[16]，伐去恶木，烈火而焚之[17]。嘉木立，美竹露，奇石显。由其中以望，则山之高，云之浮，溪之流，鸟兽之遨游[18]，举熙熙然回巧献技[19]，以效兹丘之下[20]。枕席而卧[21]，则清泠之状与目谋[22]，瀯瀯之声与耳谋[23]，悠然而虚者与神谋[24]，渊然而静者与心谋[25]。不匝旬而得异地者二[26]，虽古好事之士，或未能至焉。

噫！以兹丘之胜[27]，致之沣、镐、鄠、杜[28]，则贵游之士争买者[29]，日增千金而愈不可得。今弃是州也，农夫渔父过而陋之[30]，贾四百，连岁不能售，而我与深源、克己独喜得之。是其果有遭乎[31]？书于石，所以贺兹丘之遭也。

【注释】

[1] 得:得到,这里有"发现"的意思。西山:在永州城西四五里。柳宗元在元和四年(公元809年)9月28日得西山。

[2] 寻:沿着。

[3] 钴鉧(gǔmǔ)潭:在西山西,因为形状像熨斗,故名。钴鉧:熨斗。

[4] 湍(tuān):水流急。浚(jùn):深。鱼梁:捕鱼的水堰(yàn)。

[5] 突怒:形容石头凸起,有锋棱的样子。偃蹇(yǎnjiǎn):盘曲高耸的样子。

[6] 负土而出:形容石头好像顶破泥土从地里钻出来一样。

[7] 嵚(qīn)然:高耸倾欹的样子。相累:一个叠着一个。下:动词,向下去。

[8] 冲然:向上冲的样子。角列:像兽角一样挺拔排列。

[9] 罴(pí):熊的一种。

[10] 笼:名词用如动词,装入笼中。

[11] 货:动词,出卖。售:货物卖出去。

[12] 止:只有,仅仅。四百:指四百文铜钱。

[13] 怜:怜惜。售之:使它卖出去,即把小丘买下来。

[14] 李深源、元克己:都是柳宗元的朋友。时:当时。

[15] 更:更换,更替。器用:指锄头、镰刀和斧头之类除草伐木的工具。

[16] 刈(yì):割。秽(huì)草:荒草,杂草。

[17] 烈火:把火烧得旺旺的。烈:火猛,这里用作动词,意思是猛烈地燃烧起。

[18] 遨(áo)游:自由自在地活动。

[19] 熙熙(xīxī)然:和谐愉快的样子。回巧献技:指在四周回环,呈献其优美的姿态。

[20] 效:呈现。
[21] 枕席:名词用如动词,摆上枕头,铺好席子。
[22] 清泠(líng):清凉。谋:指外界景物映入人的感官。用"谋"是一种拟人的手法,表示景物和人的感觉的融合无间。
[23] 潆潆(yíngyíng):形容山泉溪水流动的声音。
[24] 悠然:很远的样子。神:精神。
[25] 渊然:深沉的样子。"清泠之状"和"潆潆之声"是实的景色,"悠然而虚者"和"渊然而静者"是作者的感受。
[26] 不匝(zā)旬:不满十天。异地者二:指西山和小丘这两处奇异的胜地。
[27] 好(hào)事之士:这里指爱好山水并到处搜奇选胜的人。
[28] 胜:风景优美。
[29] 致:送到。沣(fēng):通常写作"酆",文王之都,在今陕西省户县东。镐(hào):武王之都,在今陕西省长安县西南。鄠(hù):县名,在今陕西户县。杜:杜陵,在今陕西省长安东南。都是唐朝京城长安附近的地方。
[30] 贵游之士:贵族而无官职的人。
[31] 遭:名词,际遇,一定的机会。下一句的"遭"是"碰上了一定的机会"的意思。

## （四）秋声赋

欧阳修

**【作者简介】** 欧阳修(1007～1072)，字永叔，晚年自号"六一居士"，庐陵(今江西吉安县)人。官至枢密副使，参知政事。谥"文忠"。欧阳修是宋代著名的散文家、诗人、词人，文风流畅优美。有《欧阳文忠公集》。

**【阅读提示】** 欧阳修感慨的不是四季的秋，而是人生的秋。文章说："念谁为之戕贼，亦何恨乎秋声？"究竟是什么在催人老？这个问题，请大家来回答。大家可以再读一读刘禹锡的四首诗，说说秋天的景色究竟是使人悲还是使人喜。也请大家说一说，自己是喜爱春天还是喜爱秋天，并说出各自的理由。

　　欧阳子方夜读书，闻有声自西南来者，悚然而听之。曰："异哉！初淅沥以萧飒，忽奔腾而砰湃。如波涛夜惊，风雨骤至。其触于物也，鏦鏦铮铮[1]，金铁皆鸣。又如赴敌之兵，衔枚疾走，不闻号令，但闻人马之行声。"予谓童子："此何声也？汝出视之。"童子曰："星月皎洁，明河在天。四无人声，声在树间。"予曰："噫嘻，悲哉！此秋声也，胡为乎来哉？"

　　盖夫秋之为状也，其色惨淡，烟霏云敛；其容清明，天高日晶；其气栗冽，砭人肌骨[2]；其意萧条，山川寂寥。故其为声也，凄凄切切，呼号奋发。丰草绿缛而争茂[3]，佳木葱茏而可悦。草拂之而色变，木遭之而叶脱。其所以摧败零落者，乃一气之余烈。

　　夫秋，刑官也[4]，于时为阴。又兵象也，于行为金[5]。是谓"天地之义气"[6]，常以肃杀而为心。天之于物，春生秋实。故

69

其在乐也,商声主西方之音[7];夷则为七月之律[8]。商,伤也[9],物既老而悲伤。夷,戮也,物过盛而当杀。

嗟夫!草木无情,有时飘零。人为动物,惟物之灵。百忧感其心,万事劳其形。有动乎中,必摇其精,而况思其力之所不及,忧其智之所不能。宜其渥然丹者为槁木[10],黟然黑者为星星[11]。奈何非金石之质,欲与草木而争荣?念谁为之戕贼[12],亦何恨乎秋声?

童子莫对,垂头而睡[13]。但闻四壁虫声唧唧,如助予之叹息。

【注释】

[1] 枞(cōng)枞铮(zhēng)铮:金属撞击声。
[2] 砭(biān):古代治疗用的石针。这里用作动词,刺。
[3] 缛(rù):茂盛。
[4] 刑官:古人以职官与天地四时相配,司寇(主刑法)为秋官。
[5] 兵象也,于行为金:古代的"五行"学说以四季和五行相配,秋季为金。金是"兵象"。
[6] 天地之义气:指天地肃杀之气。《礼记·乡饮酒义》:"天地严凝之气始于西南,而盛于西北,此天地尊严气也,此天地之义气也。"
[7] 商声主西方之音:"五行"学说又以五音和四方、四季相配,秋于五音为商,于四方为西。
[8] 夷则:十二律之一。夷则为七月之律:古人以十二律和十二月相配,夷则为七月。
[9] 商,伤也:"商"的意义就是"伤"。这是"声训"。
[10] 渥(wò)然:红貌。
[11] 黟(yī)然:黑貌。星星:指头发花白。

[12]　戕(qiāng)贼:残害。
[13]　睡:打瞌睡。

# 附:刘禹锡诗四首

## 秋风引

何处秋风至?萧萧送雁群。朝来入庭树,孤客最先闻。

## 始闻秋风

昔看黄菊与君别,今听玄蝉我却回。五夜飕飗枕前觉,一年颜状镜中来。马思边草拳毛动,雕眄青云睡眼开。天地肃清堪四望,为君扶病上高台。

## 秋词二首

自古逢秋悲寂寥,我言秋日胜春朝。晴空一鹤排云上,便引诗情到碧霄。

山明水净夜来霜,数树深红出浅黄。试上高楼清入骨,岂如春色嗾人狂。

# 第六单元

本单元选的是古代的文论。文论是对文学创作和文学作品的总结,但反过来又可以影响文学创作和文学作品。在先秦,儒家的文论主要强调的是文学的社会作用,即强调诗歌要有助于教化,这在本单元所选的《毛诗序》中说得很清楚。这种文艺思想一直是后代文艺思想的主流,白居易的《与元九书》把这种主张发挥到了极致。比较起来,钟嵘的《诗品序》谈到的文学的作用就更多样一些,这是和六朝的"文学的自觉"分不开的。韩愈的《送孟东野序》提出了"不平则鸣"的说法,这是从另一个角度涉及了文学和社会的关系问题。这四篇文章当然不可能反映我国古代文论的全貌,但这四篇文章对我国古代的文学思想和文学创作都是有重大影响的。

# (一) 毛诗序(节选)

**【作品简介】** 在《诗毛氏传》(见第1单元《氓》的【作品简介】对《诗经》的介绍)中,每首诗前面都有序,是对各首诗的说明。这里选录的是国风首篇《关雎》题下的序。从开始到"用之邦国焉"称为《关雎序》或《小序》,从"风,风也"到最后称为《大序》。《大序》、《小序》的作者其说不一。《大序》可以看作是《诗经》的总论,反映了古代儒家的文艺观。

**【阅读提示】** 诗是怎样产生的?本文回答说,诗发于情,诗言志。诗的作用是什么?本文认为,是用于教化。那么,是否所有发于情的诗都可以起教化作用?"志"、"情"和"教化"如何统一起来?本文认为,要"发乎情,止于礼义"。这是很典型的儒家的文论,对后世有很大的影响。有一点应当注意:本篇中对诗之"六义"以及对《关雎》等的说明,都是按照这种观点所作的解释,并不符合其原意。

《关雎》[1],后妃之德也[2],风之始也[3],所以风天下而正夫妇也[4]。故用之乡人焉[5],用之邦国焉。风,风也,教也;风以动之[6],教以化之[7]。

诗者,志之所之也[8],在心为志,发言为诗。情动于中而形于言,言之不足故嗟叹之,嗟叹之不足故永歌之[9],永歌之不足,不知手之舞之,足之蹈之也。

情发于声,声成文谓之音。治世之音安以乐,其政和;乱世之音怨以怒,其政乖[10];亡国之音哀以思,其民困。故正得失,动天地,感鬼神,莫近于诗。先王以是经夫妇[11],成孝敬,厚人伦,美教化,移风俗。

故诗有六义焉:一曰风,二曰赋,三曰比,四曰兴,五曰雅,六曰颂。上以风化下,下以风刺上,主文而谲谏[12],言之者无罪,闻之者足以戒,故曰风。至于王道衰,礼义废,政教失,国异政,家殊俗,而变风、变雅作矣[13]。国史明乎得失之迹[14],伤人伦之废,哀刑政之苛,吟咏情性,以风其上,达于事变而怀其旧俗者也[15]。故变风发乎情,止乎礼义。发乎情,民之性也;止乎礼义,先王之泽也。是以一国之事,系一人之本[16],谓之风;言天下之事,形四方之风[17],谓之雅。雅者,正也,言王政之所由废兴也。政有小大,故有小雅焉,有大雅焉。颂者,美盛德之形容,以其成功告于神明者也。是谓四始[18],诗之至也。

【注释】

[1]　关雎:《诗·国风·周南》的第一篇。
[2]　后妃之德:据《诗序》说,《关雎》是歌颂周文王妃太姒的美德的。
[3]　风之始:国风的开端。风:国风。下面"风,风也"的第一个"风"同此。
[4]　风(fēng):教化。下面"风,风也"的第二个"风"同此。
[5]　乡人:同一乡之人。古代一万二千五百家为一乡。
[6]　动:感动。
[7]　化:感化。
[8]　志之所之:等于说"思想感情的表达"。志:思想感情。之:动词,趋向。
[9]　永歌:引声而歌。永:长。
[10]　乖:乖戾,反常。
[11]　经夫妇:使夫妇关系合乎常道。经:常道。
[12]　主文:依托文辞。谲谏:微言谏诤。

[13] 变风、变雅:时世由盛变衰后所作的风、雅。
[14] 国史:王室的史官。旧说国史采诗。
[15] 达于事变:明白时世之变。怀其旧俗:怀念旧时的风俗。
[16] 两句的意思是说:一国之事,通过诗人抒发自己的思想反映出来。系一人之本:系属于一人(指诗篇的作者)之本心。
[17] 形四方之风:表现四方的风俗。
[18] 四始:意思是说,风、小雅、大雅、颂四者是政教兴衰之始。

# （二）诗品序（节选）

钟　嵘

**【作品简介】**　钟嵘的《诗品》是专论五言诗的一部文学批评著作。它把梁以前的五言诗作者分为上中下三品，一一加以评论，从中体现作者的文艺观。《诗品》和对世影响很大，它和刘勰的《文心雕龙》是我国古代文论的双璧。钟嵘（？～552），字仲伟，颍川（今河南许昌）人。

**【阅读提示】**　《诗品序》继承了《毛诗序》的某些思想，但又有很大发展。在文学自觉的时代产生的文艺思想，毕竟不会等同于几百年前的儒家的文论。《诗品序》和《毛诗序》的文艺观有哪些不同？请大家把两篇文章作一比较，作出说明。

---

气之动物，物之感人，故摇荡性情[1]，形诸舞咏[2]。照烛三才[3]，辉丽万有[4]；灵祇待之以致飨[5]，幽微藉之以昭告[6]；动天地，感鬼神，莫近于诗。

昔南风之词[7]，卿云之颂[8]，厥义夐矣[9]。夏歌曰："郁陶乎予心[10]。"楚谣曰："名余曰正则。"虽诗体未全，然是五言之滥觞也[11]。逮汉李陵[12]，始著五言之目矣。古诗眇邈[13]，人世难详。推其文体，固是炎汉之制，非衰周之倡也。自王、扬、枚、马之徒，词赋竞爽，而吟咏靡闻[14]。从李都尉迄班婕妤，将百年间，有妇人焉，一人而已[15]。诗人之风，顿已缺丧。东京二百载中，惟有班固咏史，质木无文[16]。降及建安，曹公父子，笃好斯文[17]；平原兄弟，郁为文栋[18]；刘桢、王粲，为其羽翼[19]。次有攀龙托凤，自致于属车者，盖将百计。彬彬之盛，大备于时矣！尔后陵迟衰微，迄于有晋。太康中，三张二陆两潘一左勃尔复兴,踵武前王,风流未沫,亦文章之中兴也[20]。永嘉时,贵黄、老[21],稍尚虚谈,于时篇什,理过其辞,淡乎寡味。爰及江表,微波尚传[22]。孙绰、许询、桓、庾诸公诗,皆平典似道德论,建安风力尽矣[23]。先是郭景纯用隽上之才,变创其体[24];刘越石仗清刚之气,赞成厥美[25]。然彼众我寡,未能动俗。逮义熙中,谢益寿斐然继作[26]。元嘉中[27],有谢灵运,才高词盛,富艳难踪,固已含跨刘、郭,凌轹潘、左。故知陈思为建安之杰[28],公幹、仲宣为辅[29];陆机为太康之英,安仁、景阳为辅[30];谢客为元嘉之雄[31],颜延年为辅;斯皆五言之冠冕,文词之命世也[32]。夫四言,文约意广,取效风骚,便可多得。每苦文繁而意少,故世罕习焉。五言居文词之要,是众作之有滋味者也。故云会于流俗[33]。岂不以指事造形,穷情写物,最为详切者耶!故诗有三义焉:一曰兴,二曰比,三曰赋。文已尽而意有余,兴也;因物喻志,比也;直书其事,寓言写物,赋也。宏斯三义,酌而用之,干之以风力,润之以丹采[34],使味之者无极,闻之者动心,是诗之至也。若专用比兴,患在意深,意深则词踬[35]。若但用赋体,患在意浮,意浮则文散,嬉成流移,文无止泊[36],有芜漫之累矣。

若乃春风春鸟,秋月秋蝉,夏云暑雨,冬月祁寒[37],斯四候之感诸诗者也。嘉会寄诗以亲,离群托诗以怨。至于楚臣去境,汉妾辞宫[38],或骨横朔野,魂逐飞蓬;或负戈外戍,杀气雄边;塞客衣单,孀闺泪尽,或士有解佩出朝,一去忘返,女有扬蛾入宠,再盼倾国;凡斯种种,感荡心灵,非陈诗何以展其义?非长歌何以骋其情?故曰:"诗可以群,可以怨[39]。"使穷贱易安,幽居靡闷,莫尚于诗矣。故词人作者,罔不爱好。

【注释】

[1] 摇荡性情:等于说使感情产生波澜。
[2] 形诸舞咏:表现为舞蹈和歌咏。
[3] 三才:天地人。
[4] 万有:万物。
[5] 灵祇(qí):神灵。之:指诗。下句同。致飨:给予祭祀。
[6] 幽微:指幽微之情。藉:凭借。昭告:明白地表达出来。
[7] 南风之词:相传舜作《南风歌》。
[8] 卿云之颂:《尚书·大传》载《卿云歌》,谓为舜之群臣所作。
[9] 厥:其。夐(xiòng):远。
[10] 此句见伪古文《尚书·夏书·五子之歌》。
[11] 滥觞:指发源。
[12] 《文选》载李陵《与苏武诗》三首,为五言诗,但实为伪托。
[13] 古诗:指《文选》所载《古诗十九首》等。眇邈:指年代久远。
[14] 这三句是说,西汉辞赋大盛,而诗歌很少。王、扬、枚、马:王褒、扬雄、枚乘、司马相如。都是西汉的辞赋家。
[15] 这四句是说,除了妇人班婕妤的诗以外,只有李陵一人。李都尉:即李陵。班婕妤:汉成帝婕妤,《玉台新咏》有班婕妤诗一首,也是伪托。
[16] 东京:指东汉。
[17] 建安:汉献帝年号。建安时期是五言诗的繁荣时期,史称"建安文学"。曹公父子:曹操、曹丕。
[18] 平原兄弟:曹植、曹彪。曹植封平原侯。郁:卓越。
[19] 刘桢:字公幹。王粲:字仲宣。与刘桢等并称"建安七子"。
[20] 太康:晋武帝年号。三张:张载与弟张协、张亢。二陆:陆机、陆云。两潘:潘岳、潘尼。一左:左思。沫(mò):已,尽。
[21] 永嘉:晋怀帝年号。黄、老:指道家。
[22] 江表:江外,长江以南。这里指东晋。东晋都建康。

[23] 桓、庾：或以为桓温、庾亮，或以为桓伟、庾友、庾蕴。道德论：阐述道家思想的作品。建安风力：建安时期的慷慨激昂之气。这几句是对当时"玄言诗"的批评。
[24] 郭景纯：郭璞。有《游仙诗》。
[25] 刘越石：刘琨。有《重赠卢谌》等诗。
[26] 义熙：晋安帝年号。谢益寿：谢混。
[27] 元嘉：宋文帝年号。
[28] 陈思：即曹植，封陈王，谥曰思。
[29] 公幹：刘桢的字。仲宣：王粲的字。
[30] 安仁：潘岳的字。景阳：张协的字。
[31] 谢客：谢灵运小名客儿。
[32] 命世：名世。
[33] 会于流俗：为时人接受。
[34] 干之以风力：以风骨为主干。润之以丹采：以辞藻来润色。
[35] 踬：顿仆，指不流畅。
[36] 嬉：戏。这里指随意。止泊：停止。
[37] 祁寒：严寒。
[38] 楚臣去境：指屈原被放逐。汉妾辞宫：指王昭君出塞。
[39] 可以群，可以怨：语见《论语·阳货》。群：群居相切磋。怨：怨刺上政。

# (三) 送孟东野序[1]

### 韩 愈

**韩 愈**

【作者简介】 韩愈(768~824),字退之,邓州南阳(今河南武县)人。因为昌黎(今河北昌黎县)韩氏是望族,所以世称韩愈为"韩昌黎"。官至吏部侍郎。曾因谏迎佛骨,被贬为潮州刺史。韩愈是唐代著名的古文家,是唐代古文运动的倡导者,对我国散文的发展影响很大。有《韩昌黎集》。

【阅读提示】 本文提出了"不平则鸣"的观点,而且说孟郊穷困潦倒,是天"穷饿其身、思愁其心肠而使自鸣其不幸"。这和欧阳修在《梅圣俞诗集序》中所说的"(诗)穷者而后工"是一个意思。为什么诗都是"不平则鸣"、"穷而后工"? 这是不是文学创作的一个规律？大家可以对中国文学史上的作家作一分析,得出自己的结论。

　　大凡物不得其平则鸣。草木之无声,风挠之鸣[2]。水之无声,风荡之鸣。其跃也,或激之[3];其趋也,或梗之[4];其沸也,或炙之。金石之无声,或击之鸣。人之于言也亦然,有不得已者而后言,其歌也有思,其哭也有怀[5]。凡出乎口而为声者,其皆有弗平者乎!

　　乐也者,郁于中而泄于外者也,择其善鸣者而假之鸣[6]。金石丝竹匏土革木八者[7],物之善鸣者也。维天之于时也亦然,择其善鸣者而假之鸣。是故以鸟鸣春,以雷鸣夏,以虫鸣秋,以风鸣冬。四时之相推敚[8],其必有不得其平者乎?其于人也亦然,人声之精者为言,文辞之于言,又其精也,尤择其善鸣者而假之鸣。

　　其在唐虞,咎陶、禹其善鸣者也,而假以鸣[9],夔弗能以文辞鸣,又自假于韶以鸣[10]。夏之时,五子以其歌鸣[11]。伊尹鸣殷[12],周公鸣周[13]。凡载于《诗》《书》六艺[14],皆鸣之善者也。周之衰,孔子之徒鸣之,其声大而远。传曰:"天将以夫子为木铎[15]。"其弗信矣乎!其末也,庄周以其荒唐之辞鸣[16]。楚,大国也;其亡也,以屈原鸣。臧孙辰、孟轲、荀卿,以道鸣者也[17]。杨朱、墨翟、管夷吾、晏婴、老聃、申不害、韩非、慎到、田骈、邹衍、尸佼、孙武、张仪、苏秦之属,皆以其术鸣[18]。秦之兴,李斯鸣之[19]。汉之时,司马迁、相如、扬雄,最其善鸣者也。其下魏晋氏,鸣者不及于古,然亦未尝绝也。就其善鸣者,其声清以浮,其节数以急[20],其辞淫以哀,其志弛以肆[21];其为言也,乱杂而无章。将天丑其德莫之顾邪[22]?何为乎不鸣其善鸣者也?

唐之有天下,陈子昂、苏源明、元结、李白、杜甫、李观,皆以其所能鸣[23]。其存而在下者[24],孟郊东野,始以其诗鸣。其高出魏晋,不懈而及于古[25];其他浸淫乎汉氏矣[26]。从吾游者,李翱、张籍其尤也[27]。三子者之鸣信善矣。抑不知天将和其声而使鸣国家之盛邪?抑将穷饿其身、思愁其心肠而使自鸣其不幸邪?三子者之命则悬乎天矣。其在上也奚以喜?其在下也奚以悲?东野之役江南也[28],有若不释然者[29],故吾道其命于天者以解之[30]。

---

【注释】

[1] 孟东野:名郊,唐代诗人,韩愈的朋友。早年屡试不第,四十六岁才考中进士,五十岁出任溧阳(今江苏溧阳县)县尉。这篇序是韩愈特为送孟赴任而写的。序:唐初形成的一种文体,即赠言。

[2] 挠(náo):搅,搅动。

[3] 或激之:有东西在激它。激:指设置阻碍使水势激扬。

[4] 趋:快走。这里指水流得很快。梗:塞。

[5] 思:思念,思慕。怀:怀念,留恋。

[6] 乐(yuè):音乐。郁:郁结。泄:发泄。假:借助,凭借。

[7] 金石丝竹匏土革木:上古八种乐器。金:指钟镈(bó)。石:指磬。丝:指琴瑟。竹:指管箫。匏:指笙竽。土:指埙(xūn),一种用陶土烧制的乐器。革:鼓一类的乐器。木:指柷敔(zhù yǔ),一种打击乐器。

[8] 推敓(duó):推夺,即推移、变化的意思。敓:同"夺"。

[9] 咎陶(gāoyáo):又作"皋陶"或"咎繇",传说是虞舜的大臣,掌管司法刑狱。《尚书》有《皋陶谟》,善鸣指此。禹:夏禹。伪古文《尚书》有《大禹谟》。假之:借助于他们。

[10] 夔(kuí):传说是虞舜时的乐官。韶:传说为虞舜时的乐曲名。
[11] 五子:指夏王太康的五个兄弟。五子怨太康失国,作歌追述夏禹的训诫。今伪古文《尚书》有《五子之歌》,系后人伪托。
[12] 伊尹:名挚,殷商的贤臣,曾助汤灭桀。今伪古文《尚书》中有《伊训》《太甲》《咸有一德》,均系后人伪托。
[13] 周公:姬旦,周文王的第四子,曾辅佐成王。今伪古文《尚书》有《大诰》《康诰》等篇。
[14] 六艺:这里指六经,即《诗》《书》《礼》《乐》《易》《春秋》。
[15] 语出《论语·八佾(yì)》,意思是上天将使得孔子通过著书立说来宣示教化。木铎:以木为舌的大铃。铎:古乐器,形似大铃。古代发布新政令的时候,振铎来召集百姓。文事用木铎,武事用金铎。
[16] 荒唐之辞:《庄子·天下篇》说,庄子的学说是一种"荒唐之言,无端崖之辞"。荒唐:联绵字,广大无边的样子。不同于现代意义的"荒唐"。
[17] 臧孙辰:春秋时鲁国大夫,他的言行见于《左传》及《论语》。道:这里指儒家学说。
[18] 杨朱:战国时卫国人。他的著作已失传,他的思想学说散见于《孟子》《列子》等书中。管夷吾:即管仲,齐桓公的相。后人将他的言论编入《管子》一书。晏婴:春秋后期齐国大夫,后人记叙其言行为《晏子春秋》。申不害:战国时郑国人,法家。著有《申子》(已佚)。眘(shèn)到:即慎到("眘"是古"慎"字),战国时赵国人,法家,著《慎子》。田骈:又称陈骈,战国时齐国人,道家,著《田子》(已佚)。邹衍:战国末期齐国人,阴阳家。尸佼:战国时晋国人(一说鲁国人),法家,著《尸子》(已佚)。张仪:战国魏国人,纵横家,为秦惠王之相,倡连横之说。苏秦:战国东周洛阳人,纵横家,为六国之相,

倡合纵之说。著《苏子》,早佚。长沙出土帛书《战国策》残卷中存有他的游说辞和书信十六篇。术:指诸子百家的学说。

[19] 李斯:秦始皇的丞相。
[20] 数(shuò):频繁,细密。
[21] 肆:放纵。
[22] 也许是上天认为他们的德行丑恶而不顾念他们吧!将:副词,或者,也许。丑:形容词用作意动。
[23] 陈子昂:初唐著名诗人。苏源明、元结、李观:都是唐代文学家。
[24] 其存而在下者:指那些还生活在世上而地位低下的人。
[25] 这句的大意是,孟东野的诗超过魏晋时代,其中高超的达到了上古诗歌的水平。不懈:这里是无懈可击的意思,指作品高超。
[26] 浸淫:联绵字,逐渐渗透。这里比喻接近。
[27] 李翱、张籍:都是唐代文学家。
[28] 役于江南:指孟东野贞元十六年出任溧阳县尉事。溧阳在唐代属江南道。役:服役,供职。
[29] 不释:指心放不开,即郁郁不乐的意思。
[30] 解:解劝,宽慰。

# (四) 与元九书[1]（节选）

白居易

**【阅读提示】** 这封信写于元和十年,这一年白居易被贬为江州司马。看来,白居易评论诗歌的标准非常严格:凡是无关乎讽谏,无助于教化的都不是好诗。但是,翻检一下白居易自己的诗作却有不少和讽谏、教化无关的诗。如何解释这种矛盾呢？是不是他的创作思想前后有变化？确实,这种变化是存在的:他的"讽喻诗"都写在前期,后期大都写"闲适诗"。但是,这种区分也不那么绝对,他在前期,甚至就在写《与元九书》的同时,也写过不少风花雪月的诗。应该看到,古代有一些文章是"有所为而发"的,即针对某一问题,特别强调事情的某一方面。《与元九书》就属于这种文章。如果全面地考察白居易的文艺思想,我们不应简单地得出结论,说白居易把诗歌只看作"教化"的工具。

---

夫文尚矣！三才各有文,天之文,三光首之[2]；地之文,五材首之[3]；人之文,六经首之。就六经言,《诗》又首之。何者？圣人感人心而天下和平。感人心者,莫先乎情,莫始乎言,莫切乎声,莫深乎义。诗者,根情、苗言、华声、实义[4]。上自贤圣,下至愚骚[5],微及豚鱼,幽及鬼神；群分而气同,形异而情一[6]；未有声入而不应,情交而不感者[7]。圣人知其然,因其言,经之以六义[8]；缘其声,纬之以五音[9]。音有韵,义有类[10]；韵协则言顺,言顺则声易入。类举则情见,情见则感易交。于是乎孕大含深,贯微洞密[11],上下通而一气泰,忧乐合而百志熙[12]。五帝三皇所以直道而行,垂拱而理者[13],揭此以为大柄[14],决此以为大窦也[15]。故闻"元首明、股肱良"之歌,则知虞道昌

矣[16]。闻五子洛汭之歌,则知夏政荒矣[17]。言者无罪,闻者足戒。言者闻者,莫不两尽其心焉。洎周衰秦兴[18],采诗官废,上不以诗补察时政,下不以歌泄导人情;乃至于谄成之风动,救失之道缺[19],于时,六义始刓矣[20]。国风变为骚辞,五言始于苏、李[21]。苏、李、骚人,皆不遇者,各系其志,发而为文。故河梁之句,止于伤别[22];泽畔之吟,归于怨思[23]:彷徨抑郁,不暇及他耳。然去诗未远,梗概尚存:故兴离别,则引双凫一雁为喻[24];讽君子小人,则引香草恶鸟为比[25];虽义类不具,犹得风人之什二三焉[26]。于时,六义始缺矣。晋、宋已还[27],得者盖寡。以康乐之奥博,多溺于山水[28];以渊明之高古,偏放于田园。江鲍之流[29],又狭于此。如梁鸿《五噫》之例者[30],百无一二焉。于时,六义浸微矣,陵夷矣[31]。至于梁陈间,率不过嘲风雪,弄花草而已[32]。噫!风雪花草之物,三百篇中,岂舍之乎?顾所用何如耳。设如"北风其凉",假风以刺威虐也[33]。"雨雪霏霏",因雪以愍征役也[34]。"棠棣之华",感华以讽兄弟也[35]。"采采芣苢",美草以乐有子也[36]。皆兴发于此,而义归于彼;反是者可乎哉?然则"馀霞散成绮,澄江净如练"、"离花先委露,别叶乍辞风"之什[37],丽则丽矣,吾不知其所讽焉。故仆所谓嘲风雪,弄花草而已。于时,六义尽去矣。唐兴二百年,其间诗人不可胜数。所可举者,陈子昂有《感遇》诗二十首[38],鲍昉有《感兴》诗十五首[39]。又诗之豪者,世称李杜。李之作,才矣奇矣,人不逮矣,索其风雅比兴,十无一焉。杜诗最多,可传者千馀首,至于贯穿今古,觇缕格律[40],尽工尽善,又过于李。然撮其《新安吏》、《石壕吏》、《潼关吏》、《塞芦子》、《留花门》之章[41],"朱门酒肉臭,路有冻死骨"之句[42],亦不过三四十首。杜尚如此,况不逮杜者乎?

仆常痛诗道崩坏,忽忽愤发,或食辍哺[43],夜辍寝,不量才力,欲扶起之。嗟乎！事有大谬者。……凡闻仆《贺雨》诗,而众口籍籍,已谓非宜矣[44]。闻仆《哭孔戡诗》,众面脉脉,尽不悦矣[45]。闻《秦中吟》,则权豪贵近者相目而变色矣[46]。闻《乐游园》寄足下诗,则执政柄者扼腕矣[47]。闻《宿紫阁村》诗,则握军要者切齿矣[48]。大率如此,不可遍举。……呜呼！岂六义四始之风,天将破坏不支持耶？抑又不知天之意不欲使下人之病苦闻于上耶？

【注释】

[1] 元九:元稹(779～831),唐代诗人,白居易的朋友。唐代称人常用排行,故称"元九"。
[2] 三光:指日、月、星。
[3] 五材:水、火、木、金、土。
[4] 根情、苗言、华声、实义:以情为根,以言为苗,以声为华,以义为实。
[5] 愚骏(ái):愚蠢。
[6] 两句是说,贤圣、愚骏、豚鱼、鬼神,分成不同的群,但气相同,形状不同,但情一样。
[7] 两句是说,听到了诗歌都会感动。声、情:指诗的声和情。
[8] 以六义作为言之经。
[9] 以五音作为声之纬。
[10] 音有韵:诗歌是押韵的。义有类:指六义各有其类。
[11] 包含至大至深的道理,表达最细微的感情。
[12] 这两句是说诗能沟通上下,使之忧乐相同,因而天地之气通泰,人人心意欢悦。泰:通。熙:和乐。
[13] 垂拱而理:垂衣拱手而治。指无为而治。
[14] 揭:举。柄:指治国之方。

[15] 决:指确定。
[16] 元首明、股肱良:见《尚书·益稷》,是舜的大臣皋陶作的歌。元首:君。股肱:指臣。虞:舜的国号。
[17] 五子洛汭(ruì)之歌:见本单元《送孟东野序》注[11]。汭:水北。五子作歌于洛汭。
[18] 洎(jì):及,到。
[19] 诒:诒谀。成:指君主的功德。
[20] 刓(wán):损,削。
[21] 苏李:指苏武、李陵。见本单元《诗品序》注[12]。
[22] 河梁之句:李陵《与苏武诗》有"携手河梁上,游子暮何之"之句。
[23] 泽畔之吟:指屈原的作品。参见第二单元《渔父》。
[24] 双凫一雁:苏武《别李陵》:"双凫俱北飞,一凫独南翔。"
[25] 香草恶鸟:王逸《离骚序》:"《离骚》之文依《诗》取义,引类譬喻。故善鸟香草以配忠贞,恶禽臭物以比谗佞。"
[26] 风人:指《诗经》作者。
[27] 以还:以来。
[28] 康乐:谢灵运,袭封康乐公。他是山水诗的最早作者。
[29] 江鲍:江淹和鲍照,都是六朝诗人。
[30] 梁鸿《五噫》:梁鸿是东汉时人。他的《五噫歌》对百姓建造宫室的痛苦表示了同情。
[31] 浸:同"浸",渐。陵夷:衰落。
[32] 率:大抵。嘲:歌咏。
[33] 北风其凉:《诗经·邶风·北风》中的句子。《诗序》:"《北风》,刺虐也。"
[34] 雨雪霏霏:《诗经·小雅·采薇》中的句子。《诗序》:"《采薇》,遣戍役也。"
[35] 棠棣之华:《诗经·小雅·常棣》中的句子。《诗序》:"《常棣》,

燕兄弟也。"

[36] 采采芣苢:《诗经·周南·芣苢》中的句子。《诗序》:"《芣苢》,……乐有子矣。"
[37] 馀霞散成绮,澄江净如练:谢朓《晚登三山还望京邑》中的句子。谢朓,六朝诗人。离花先委露,别叶乍辞风:鲍照《玩月城西门廨》中的句子。
[38] 陈子昂:初唐时期诗人。有《感遇诗》三十八首。
[39] 鲍防:中唐诗人。《全唐诗》有诗八首,其中之一为《感兴》。
[40] 觙(luó)缕格律:曲尽格律之妙。觙缕:委曲。
[41] 《新安吏》、《石壕吏》、《潼关吏》、《塞芦子》、《留花门》:都是杜甫在安史之乱时期作的诗。《塞芦子》是建议朝廷增兵扼守芦子关。《留花门》是反对肃宗用回纥兵。
[42] 见第三单元《自京赴奉先县咏怀五百字》。
[43] 辍:停止。哺:吃。
[44] 《贺雨》诗中在歌颂了德宗的为求雨而采取的一些善政后说:"敢贺其有始,亦愿其有终。"籍籍:聒噪貌。
[45] 《哭孔戡诗》感叹人才不得重用。脉脉:含怒貌。
[46] 《秦中吟》十首,都是揭露时弊。
[47] 乐游园寄足下诗:《白氏长庆集》作《登乐游原望》,感叹孔戡之死,元稹之贬。
[48] 《宿紫阁村》揭露神策军的横暴。

# 第七单元

中国历史上有过无数次战争。农民起义几乎每个朝代都有,多数王朝的更迭也是通过战争完成的,此外还有反抗入侵、保卫疆土的战争。这些都在历史上起了进步作用。中国的史书对战争有很多记载,其中有不少描写得十分生动,让读者能看到战争的威武雄壮的场面。但战争毕竟有它残酷的一面,特别是那些不义的战争,给人民带来了巨大的痛苦。这在古代一些诗文中也有深刻的反映。本单元所选的就是表现这两个方面的历史和文学的作品。

## (一) 鞌之战

《左传》

**【作品简介】** 《左传》是记载春秋时期的史实的历史著作,起于鲁隐公元年,止于鲁哀公二十七年。据说是鲁国的史官左丘明所作,有人认为是为《春秋》作传的,晋朝的杜预把它分年附在《春秋》后面,并名之为《春秋左氏传》。《左传》详细而完备地记录了春秋时期的历史,是一部历史名著,而且叙事生动,刻画人物也很出色,有很高的文学价值。今人杨伯峻有《春秋左传注》。

**【阅读提示】** 这是对春秋时期齐国和晋国之间的一场战争的生动的记录。齐军的骄傲轻敌,晋军的高昂士气,都写得十分精彩。韩厥在战场上的一番外交辞令更是十分巧妙。逢丑父机智地使齐侯逃脱,又使自己免于杀戮,给这段记述增添了戏剧色彩。

癸酉[1],师陈于鞌[2]。邴夏御齐侯[3],逢丑父为右[4]。晋解张御郤克,郑丘缓为右[5]。齐侯曰:"余姑翦灭此而朝食[6]!"不介马而驰之[7]。郤克伤于矢,流血及屦,未绝鼓音[8]。曰:"余病矣[9]!"张侯曰[10]:"自始合,而矢贯余手及肘[11],余折以御,左轮朱殷[12]。岂敢言病?吾子忍之。"缓曰:"自始合,苟有险[13],余必下推车。子岂识之?——然子病矣[14]!"张侯曰:"师之耳目,在吾旗鼓,进退从之[15]。此车一人殿之,可以集事[16]。若之何其以病败君之大事也?擐甲执兵,固即死也[17]。病未及死,吾子勉之!"左并辔,右援枹而鼓[18]。马逸不能止[19],师从之。齐师败绩[20]。逐之,三周华不注[21]。

韩厥梦子舆谓己曰[22]:"旦辟左右[23]。"故中御而从齐侯[24]。邴夏曰:"射其御者,君子也[25]。"公曰:"谓之君子而射之,非礼也。"射其左,越于车下[26];射其右,毙于车中[27]。綦毋张丧车[28],从韩厥曰:"请寓乘[29]。"从左右,皆肘之[30],使立于后。韩厥俯定其右[31]。

逢丑父与公易位[32]。将及华泉[33],骖挂于木而止[34]。丑父寝于栈中,蛇出于其下,以肱击之,伤而匿之[35],故不能推车而及[36]。韩厥执絷马前[37],再拜稽首[38],奉觞加璧以进[39],曰:"寡君使群臣为鲁卫请[40],曰:'无令舆师陷入君地[41]。'下臣不幸,属当戎行[42],无所逃隐,且惧奔辟而忝两君[43]。臣辱戎士[44],敢告不敏[45],摄官承乏[46]。"丑父使公下,如华泉取饮[47]。郑周父御佐车[48],宛茷为右,载齐侯以免。韩厥献丑父,郤献子将戮之[49]。呼曰:"自今无有代其君任患者[50],有一于此,将为戮乎[51]?"郤子曰:"人不难以死免其君[52],我戮之不祥。赦之,以劝事君者[53]。"乃免之。(成公二年)

---

【注释】

[1]　癸酉:成公二年(公元前589)六月十七日。
[2]　师:指齐、晋两国的军队。陈:摆开阵势。鞌(ān):齐地名,在今山东济南附近。
[3]　邴夏:人名。御齐侯:为齐侯驾车。御:驾车。齐侯:指齐顷公,名无野。
[4]　逢(páng)丑父:人名。右:车右,又称骖乘。古代车战时,尊者居车的左边,御者居中(但君主或主帅居中,御者居左),骖乘居右。骖乘都是有勇力的人,保卫尊者。
[5]　解(xiè)张、郑丘缓:都是人名。"郑丘"是复姓。郤(xì)克:晋大夫,在鞌之战中是晋军的主帅。
[6]　姑:姑且。翦灭:消灭。翦:剪除。此:指晋军。朝食:吃早饭。
[7]　不介马:不给马披上甲。介:甲。驰之:指驱马进击晋军。

驰:使劲赶马,这里指驱马进击。
[8]　屦(jù):鞋。鼓音:鼓声是前进的号令。古代车战,主帅居车中自掌旗鼓指挥三军。
[9]　病:古代凡是病势很重,以及因极度的劳累或伤势很重使得体力难以支持,都叫"病"。这里指伤势很重。
[10]　张侯:即解张。
[11]　合:交战。贯:穿通。
[12]　朱:红色。殷(yān):红中带黑。
[13]　苟:如果。险:险要的地方。这里指难走的路。
[14]　这是说郑丘缓发现郤克确实伤势很重。
[15]　三句意思是说,全军都注视着我们的旗鼓,或进或退都听从它的指挥。
[16]　殿:指镇守。集事:成事。
[17]　擐(huàn)甲:穿上铠甲。执兵:拿起兵器。固:本来。即:走向。
[18]　左并辔:左手把缰绳握在一起。御者本来是双手执辔的。解张为了代替郤克击鼓,把辔并在左手。辔:缰绳。援:取过来。枹(fú):鼓槌。鼓:动词。击鼓。
[19]　逸:狂奔。
[20]　败绩:军队崩溃。
[21]　周:动词,围绕。华不注:山名,在今济南东北。
[22]　韩厥:晋大夫。在这次战役中任司马(掌管祭祀、赏罚等军政)。子舆:韩厥的父亲。
[23]　旦:早晨。辟:避。左右:指兵车左右两侧。这两句是插叙头天夜里的事。
[24]　中御:在车当中驾车。在一般的战车中,尊者应居左,御者居中,韩厥因为要避左右,所以居中代御者驾车。从:指追赶。

[25] 君子:指贵族。
[26] 越:坠。
[27] 毙:倒下。(注意:先秦时"毙"没有"死亡"的意思。)
[28] 綦毋(qíwú)张:晋大夫。"綦毋"是复姓。丧车:指兵车在战斗中毁坏了。
[29] 寓乘:搭车。寓:寄。
[30] 站在左边和右边,(韩厥)都用肘撞他。肘:用作动词。"用肘撞"的意思。
[31] 定:指放稳当。右:指上文"毙于车中"的那个车右。
[32] 公:指齐侯。易位:换位置。丑父乘韩厥"俯定其右"时与齐侯易位。
[33] 华泉:泉名,在华不注山下,流入济水。
[34] 骖(cān):古代一车驾四匹马或三匹马,夹着车辕(当时是单辕)的两匹马称"服",服马边上的马称"骖"。挂:绊住。木:树。
[35] 栈:栈车,用竹木编成车厢的轻便车子。肱(gōng):手臂从肘到肩的部分。匿:指隐瞒。这四句也是作者插叙头天晚上的事,逢丑父愿意当车右,所以隐瞒了手臂被蛇咬伤一事。
[36] 及:赶上。这里是"被赶上"的意思。
[37] 縶(zhí):绊马索。马前:齐侯的马前。古代贵族出外,奴仆"负羁縶以从"。这句和下面两句都是写韩厥对齐侯修臣仆之礼。
[38] 再拜稽(qǐ)首:拜两拜,然后稽首。稽首:古代一种最恭敬的跪拜礼。双手至地,头也至地。
[39] 奉:捧。觞:盛酒器。进:奉献。
[40] 韩厥这一段话都是委婉的外交辞令。这句话的意思是说,这次打仗不是我们要进攻齐国,而是我国国君让群臣替鲁卫请求,请您不要进攻鲁卫。寡君:在其他国家人的面前对本国君主的谦称。

[41] 无:通"毋",不要。舆师:军队。陷入:指深入。君地:指齐国国土。
[42] 下臣:韩厥在齐侯面前对自己的谦称。属:恰巧。当:对着,遇上。戎行:兵车的行列,指齐军。
[43] 忝(tiǎn):辱。两君:指晋国和齐国的国君。
[44] 辱:使……受辱。戎士:战士。这是谦词,意思是自己当戎士不称职。
[45] 敢:冒昧地。告不敏:向您禀告,我不聪敏。敏:聪明。
[46] 摄官承乏:指在人才缺乏的情况下承担官职。摄:代理。以上三句言外之意是,既然我是戎士,而且担任了官职,就要履行职责,把你齐侯俘获。
[47] 如:到……去。饮:喝的水。
[48] 郑周父、宛茷(fèi):人名。佐车:副车。
[49] 郤献子:即郤克。
[50] 自今:"自今以往"的省略。即从今以后的意思。任患:承担患难。
[51] 为戮:被杀。
[52] 难:用作动词,"把……看作难事"的意思。
[53] 劝:鼓励。

# （二）官渡之战[1]

### 《资治通鉴》

**【作品简介】** 《资治通鉴》是我国著名的编年体通史，起自周威烈王二十三年（公元前403年），止于后周世宗显德六年（公元959年），系统地记载了我国封建社会前半期一千三百六十二年的历史。此书由宋英宗下诏撰修，由司马光主编，历时十九年编成，宋神宗定书名为《资治通鉴》，意思是有助于治理国家的历史借鉴。

**【阅读提示】** 战争不仅仅是军事的较量，更重要的是智慧的较量，政治的较量。我国古代史书中写战争，往往不是只写战场上的厮杀，而是写出了决定战争胜负的原因：人心的向背。袁绍以优势兵力而至于战败，主要是他刚愎自用，不会用人。而曹操之所以能以劣势兵力取胜，主要在于知人善任，用之不疑。这在《资治通鉴》对官渡之战的描写中可以看得很清楚。

袁绍军阳武[2]。沮授说绍曰："北兵虽众而劲果不及南[3]，南军谷少而资储不如北，南幸于急战，北利在缓师。宜徐持久，旷以日月。"绍不从。八月，绍进营稍前，依沙堆为屯[4]，东西数十里。操亦分营与相当。

（九月）曹操出兵与袁绍战，不胜，复还，坚壁[5]。绍为高橹[6]，起土山，射营中[7]，营中皆蒙楯而行[8]。操乃为霹雳车[9]，发石以击绍楼，皆破。绍复为地道攻操，操辄于内为长堑以拒之。操众少粮尽，士卒疲乏，百姓困于征赋，多叛归绍者。操患之，与荀彧书，议欲还许，以致绍师[10]。彧报曰："绍悉众聚官渡，欲与公决胜败。公以至弱当至强，若不能制，必为所乘，是天下之大机也。且绍，布衣之雄耳，能聚人而不能用。以公之神武明哲而辅以大顺[11],何向而不济[12]!今谷食虽少,未若楚、汉在荥阳、成皋间也[13]。是时刘、项莫肯先退者,以为先退则势屈也。公以十分居一之众,画地而守之,扼其喉而不得进,已半年矣。情见势竭,必将有变。此用奇之时,不可失也。"操从之,乃坚壁持之。

操见运者,抚之曰:"却十五日为汝破绍[14],不复劳汝矣。"绍运谷车数千乘至官渡。荀攸言于操曰:"绍运车旦暮至,其将韩猛锐而轻敌,击,可破也!"操曰:"谁可使者?"攸曰:"徐晃可。"乃遣偏将军河东徐晃与史涣邀击猛[15],破走之,烧其辎重。

冬,十月,绍复遣军运谷,使其将淳于琼等将兵万余人送之,宿绍营北四十里。沮授说绍:"可遣蒋奇别为支军于表[16],以绝曹操之钞[17]。"绍不从。

许攸曰:"曹操兵少而悉师拒我,许下余守[18],势必空弱。若分遣轻军,星行掩袭,许可拔也。许拔,则奉迎天子以讨操,操成禽矣。如其未溃,可令首尾奔命[19],破之必也。"绍不从,曰:"吾要当先取操。"会攸家犯法,审配收系之[20]。攸怒,遂奔操。

操闻攸来,跣出迎之[21],抚掌笑曰:"子卿远来[22],吾事济矣!"既入坐,谓操曰:"袁氏军盛,何以待之?今有几粮乎?"操曰:"尚可支一岁。"攸曰:"无是,更言之!"又曰:"可支半岁。"攸曰:"足下不欲破袁氏邪,何言之不实也!"操曰:"向言戏之耳[23]。其实可一月,为之奈何?"攸曰:"公孤军独守,外无救援而粮谷已尽,此危急之日也。袁氏辎重万余乘,在故市、乌巢[24],屯军无严备,若以轻兵袭之,不意而至,燔其积聚,不过三日,袁氏自败也。"操大喜,乃留曹洪、荀攸守营,自将步骑五千人,皆用袁军旗帜,衔枚缚马口[25],夜从间道出[26],人抱束薪[27],所历道有问者,语之曰:"袁公恐曹操钞略后军,遣兵以益备。"闻者信以为然,皆自若[28]。既至,围屯,大放火,营中惊乱。会明[29],琼等望见操兵少,出陈门外[30],操急击之,琼退保营,操遂攻之。

绍闻操击琼,谓其子谭曰:"就操破琼[31],吾拔其营,彼固无所归矣!"乃使其将高览、张郃等攻操营[32]。郃曰:"曹公精兵往,必破琼等,则事去矣,请先往救之。"郭图固请攻操营。郃曰:"曹公营固,攻之必不拔。若琼等见禽,吾属尽为虏矣。"绍但遣轻骑救琼,而以重兵攻操营,不能下。

绍骑至乌巢,操左右或言:"贼骑稍近,请分兵拒之"。操怒曰:"贼在背后,乃白![33]"士卒皆殊死战,遂大破之,斩琼等,尽燔其粮谷,[杀]士卒千余人[34],皆取其鼻,牛马割唇舌,以示绍军。绍军将士皆恟惧[35]。郭图惭其计之失,复潜张郃于绍曰[36]:"郃快军败[37]。"郃忿惧,遂与高览焚攻具,诣操营降。曹洪疑不敢受,荀攸曰:"郃计画不用,怒而来奔,君有何疑!"乃受之。

于是绍军惊扰,大溃。绍及谭等幅巾乘马[38],与八百骑渡河。操追之不及,尽收其辎重、图书、珍宝。余众降者,操尽坑之,前后所杀七万余人。

沮授不及绍渡,为操军所执,乃大呼曰:"授不降也,为所执耳!"操与之有旧[39],迎谓曰:"分野殊异[40],遂用圮绝[41],不图今日乃相禽也。"授曰:"冀州失策[42],自取奔北。授知力俱困,宜其见禽。"操曰:"本初无谋[43],不相用计,今丧乱未定,方当与君图之。"授曰:"叔父、母弟,县命袁氏[44],若蒙公灵[45],速死为福。"操叹曰:"孤早相得[46],天下不足虑也。"遂赦而厚遇焉。授寻谋归袁氏,操乃杀之。

操收绍书中,得许下及军中人书[47],皆焚之,曰:"当绍之

强,孤犹不能自保,况众人乎!"(汉献帝建安五年)

【注释】

[1] 官渡:在今河南中牟县东北。公元200年,袁绍与曹操决战于此。曹操以一万兵力击败了袁绍十万大军。这是我国古代以少胜多的著名战役之一。
[2] 武阳:在官渡水北,今河南原阳东。
[3] 北兵:指袁绍军。南军:指曹操军。
[4] 沙堆(duī):沙丘。
[5] 坚壁:把营垒筑得很坚固。营:指曹军营。
[6] 高橹(lǔ):高的望楼,上无盖,登上橹可向外射箭。
[7] 营中:指曹操营中。
[8] 楯:同"盾"。
[9] 霹雳车:发石车,以机械推进,发射时震烈声,故称"霹雳"。
[10] 荀彧:曹操的谋士,当时留守许昌。
[11] 大顺:指挟天子以令天下。
[12] 济:成功。
[13] 楚汉:指项羽和刘邦。他们曾在荥阳、成皋间相持很久。
[14] 却十五日:十五日后。
[15] 邀击:中途袭击。
[16] 别为支军于表:另为一支部队在运谷军的外围,以防敌人袭击运输军。
[17] 钞:袭击。
[18] 许下:指许昌。余守:余下的守卫部队。
[19] 奔命:急速奔赴前方作战。
[20] 审配:袁绍的谋士。收系之:拘捕攸家。
[21] 跣(xiǎn):不穿鞋。

103

[22] 子卿：许攸，字子远。曹操呼其"子卿"是对他用尊称。
[23] 向言戏之：刚才所说是跟您开玩笑。
[24] 故市、乌巢：在今河南延津东。
[25] 衔枚：将枚衔在口中，以防喧哗。枚，形如筷子，两端有带，可以系于颈上。
[26] 间道：小路。
[27] 束薪：一捆柴草。
[28] 自若：如常；像原来的样子。
[29] 会明：正值天亮。
[30] 陈(zhèn)门：即"阵门"。
[31] 就：即使。
[32] 张郃(hé)：袁绍部将。
[33] 敌军在背后了，才报告！这是说现在已处在两面夹击的境地，只有拼命向前才有生路，是为了激励士兵。
[34] 据其它《通鉴》版本，当加"杀"字。
[35] 恟(xiōng)惧：恐惧。
[36] 谮(zèn)：进谗言；说人的坏话。
[37] 快：乐意。
[38] 幅巾：束发用的一幅绸子。东汉末，贵人多不穿正服，以幅巾为雅。这时袁绍逃跑着幅巾，显然是因慌乱而未戴冠。
[39] 有旧：有老交情。
[40] 分野：古代天文学说，将天上十二星辰的位置跟地上州、国或地区的位置相对应，就天上说，称分星；就地上说，称分野。沮授在河北，曹操在河南，故言"分野殊异"。
[41] 圮(pǐ)绝：隔绝。
[42] 冀州：指袁绍。因他盘踞于冀州，故有此称。
[43] 本初：袁绍的字。
[44] 县(xuán)命袁氏：性命悬在袁绍手里。县：同"悬"。

[45] 灵:威灵。
[46] 孤:古代帝王和诸王对下属自称之词。
[47] 许下及军中人书:指许昌和曹军营中的人写给袁绍表示愿意归降的书信。

## （三）战城南

汉乐府诗

**【作品简介】** 汉乐府诗是汉代由乐府收集、配乐而流传下来的诗歌，也简称"汉乐府"。"乐府"是西汉朝廷设置的音乐机构，到东汉时乐府已取消，但仍有相应的机构收集诗歌并且配乐，这些诗歌统称乐府诗。汉乐府诗中的精华是其中的民间创作，对后代诗人影响很大。宋代郭茂倩把两汉至唐的乐府诗汇集到一起，编成《乐府诗集》。今人余冠英有《乐府诗选》。

**【阅读提示】** 这首诗的画面非常凄惨，感情非常沉重。战场上尸横遍野，成为乌鸦的食物。忠勇的将士都战死了，但战争的结果并没有给人们带来任何好处，却带来了严重的饥荒。后代同一主题的诗有很多。李白的《战城南》显然是受这首汉乐府诗的影响而写的。杜甫的《兵车行》也是这类作品。

---

战城南，死郭北。野死不葬乌可食。为我谓乌："且为客豪[1]。野死谅不葬[2]，腐肉安能去子逃[3]？"水声激激，蒲苇冥冥[4]。枭骑战斗死，驽马徘徊鸣。梁筑室，何以南？何以北[5]？禾黍不获君何食[6]？愿为忠臣安可得？思子良臣[7]，良臣诚可思，朝行出攻，暮不夜归。

---

【注释】
[1] 客：指战死者。豪：通"嚎"，号哭。
[2] 谅：副词，表示肯定。
[3] 这三句是让乌鸦先为客号，然后再吃他们的肉。表达了作者极其沉痛的心情。

[4] 冥冥:幽暗貌。
[5] 这三句不好懂。一说"室"指战时修筑的工事。桥梁上修筑了工事,就无法往南和往北。
[6] 这是说连年战争,庄稼不收,连君主也没饭吃。
[7] 思念你们这些良臣。指战死者。

## 附:战城南

李 白

去年战桑干源[1],今年战葱河道[2]。洗兵条支海上波[3],放马天山雪中草。万里长征战,三军尽衰老。匈奴以杀戮为耕作,古来惟见白骨黄沙田。秦家筑城备胡处,汉家还有烽火燃。烽火燃不息,征战无已时。野战格斗死,败马号鸣向天悲。乌鸢啄人肠,衔飞上挂枯树枝。士卒涂草莽,将军空尔为。乃知兵者是凶器,圣人不得已而用之[4]。

【注释】

[1] 桑干:河名,流经今山西、河北北部。
[2] 葱河:即葱岭河,在今新疆南部。
[3] 条支:西域国名,在今伊拉克境内。
[4] 《六韬》:"圣人号兵为凶器,不得已而用之。"

## (四)吊古战场文[1]

李 华

**【作者简介】** 李华(生卒年不详),字遐叔,赵州赞皇(今河北赞皇县)人。反对初唐时期浮艳的文风,主张恢复古文。有《李遐叔集》。

**【阅读提示】** 这篇文章把战争的残酷描写得淋漓尽致,对战死的士兵寄予了无限的同情。"苍苍蒸民"一段,写得尤为痛切,从一个普通人的角度,对摧残生命的战争提出了控诉。作者并不一概反对战争,他是把战争分为两类的;但最理想的还是"守在四夷",这就是《孙子兵法》所说的"是故百战百胜,非善之善者也。不战而屈人之兵,善之善者也"。

浩浩乎平沙无垠,敻不见人[2],河水萦带,群山纠纷。黯兮惨悴,风悲日曛[3]。蓬断草枯,凛若霜晨。鸟飞不下,兽铤亡群[4]。亭长告余曰:"此古战场也,常覆三军[5]。往往鬼哭,天阴则闻。"伤心哉!秦欤?汉欤?将近代欤[6]?

吾闻夫齐魏徭戍[7],荆韩召募。万里奔走,连年暴露。沙草晨牧[8],河冰夜渡。地阔天长,不知归路。寄身锋刃,腷臆谁诉[9]?秦汉而还,多事四夷[10]。中州耗斁[11],无世无之。古称戎夏,不抗王师[12]。文教失宣,武臣用奇。奇兵有异于仁义,王道迂阔而莫为[13]。呜呼!噫嘻!

吾想夫北风振漠,胡兵伺便[14],主将骄敌,期门受战[15]。野竖旄旗,川回组练[16]。法重心骇,威尊命贱[17]。利镞穿骨,惊沙入面。主客相搏[18],山川震眩,声析江河,势崩雷电。至若穷阴凝闭[19],凛冽海隅,积雪没胫,坚冰在须,鸷鸟休巢,征马踠蹶,缯纩无温[20],堕指裂肤。当此苦寒,天假强胡[21],凭陵杀气,以相剪屠[22]。径截辎重,横攻士卒。都尉新降[23],将军覆没。尸填巨港之岸,血满长城之窟。无贵无贱,同为枯骨。可胜言哉? 鼓衰兮力尽,矢竭兮弦绝,白刃交兮宝刀折,两军蹙兮生死决[24]。降矣哉? 终身夷狄。战矣哉? 骨暴沙砾。鸟无声兮山寂寂,夜正长兮风淅淅。魂魄结兮天沉沉,鬼神聚兮云幂幂[25]。日光寒兮草短,月色苦兮霜白。伤心惨目,有如是耶?

吾闻之:牧用赵卒,大破林胡[26],开地千里,遁逃匈奴。汉倾天下,财殚力痛[27]。任人而已,其在多乎[28]? 周逐猃狁,北至太原[29],既城朔方,全师而还[30]。饮至策勋,和乐且闲[31],穆穆棣棣[32],君臣之间。秦起长城,竟海为关[33],荼毒生灵,万里朱殷[34]。汉击匈奴,虽得阴山[35],枕骸遍野,功不补患。

苍苍蒸民[36],谁无父母? 提携捧负,畏其不寿。谁无兄弟,如足如手? 谁无夫妇,如宾如友? 生也何恩? 杀之何咎[37]? 其存其没,家莫闻知。人或有言,将信将疑。悁悁心目[38],寝寐见之。布奠倾觞,哭望天涯。天地为愁,草木凄悲。吊祭不至,精魂何依? 必有凶年[39],人其流离。呜呼噫嘻! 时耶命耶? 从古如斯。为之奈何? 守在四夷[40]。

---

【注释】

[1] 唐玄宗时,大举进行对外战争,给人民带来极大的灾难。作者在文章里通过对古战场的描写,谴责了统治者的穷兵黩武政策;对战士的命运寄予了深切的同情。

[2] 敻(xiòng):远。

[3] 悴:忧愁。曛(xūn):日落时的余光,这里是昏暗不明的意思。

[4] 铤(tǐng):快跑的样子。

[5] 覆:覆没。
[6] 将:选择连词,还是。
[7] 徭,劳役。戍,守边。
[8] 牧:指放牧战马。
[9] 腷(bì)臆:抑郁不舒的心情。谁诉:向谁诉说。
[10] 以还:以来。
[11] 中州:本指古豫州,这里指中原地带。耗:损失。斁(dù):败坏。
[12] 这是说古代的王师,有征无战,戎夏都不敢抗拒。戎:泛指居住在边境地区的少数民族。夏:指中原地带。
[13] 人们认为王道迂阔而不去实行。
[14] 伺便:指侦察便于进攻的机会。
[15] 期门:汉官名,汉代主宿卫的武官。这里可能是泛指武将。
[16] 川:河。回:环绕。组练:这里指军队。《左传·襄公三年》:"楚子重使邓廖帅组甲三百、被练三千以侵吴。"组甲:以组(绦带)缀甲,车士服之。被练:以帛缀甲,步卒服之。
[17] 军法很重,士兵心骇。主将威严,士兵命贱。
[18] 主客:我军和敌军。眩:迷乱。
[19] 穷阴:极阴,天阴得非常厉害。
[20] 缯(zēng):帛。纩(kuàng):絮,即粗的丝绵。
[21] 天借给胡人以机会。
[22] 凭陵:联绵字,侵陵。
[23] 都尉:官名,掌武事。
[24] 蹙(cù):迫近。
[25] 幂幂(mìmì):阴森的样子。
[26] 牧:指李牧,战国时赵国的良将。林胡:匈奴的一种。事见《史记·李牧列传》。
[27] 殚(dān):竭尽。痡(pū):病,这里是疲敝的意思。

[28] 任人:指任用合适的人,即用人得当。
[29] 猃狁(xiǎnyǔn):亦作狎狁,古代北方的一个民族。太原:在今甘肃固原县北界,是太原戎所居之地。《诗经·小雅·六月》:"薄伐狎狁,至于大(太)原。"
[30] 城:用如动词,筑城。朔方:地名,周时接近猃狁。《诗经·小雅·出车》:"天子命我,城彼朔方。"
[31] 饮至:古代的一种军礼,军队回到了国都,在宗庙中饮酒庆贺。策勋:把功劳记录在简策上。
[32] 穆穆:和而敬的样子。棣棣(dìdì):雍容娴雅的样子。
[33] 竟海:一直到海。
[34] 朱殷:参看97页注[12]。
[35] 汉武帝北征匈奴,夺取阴山,设兵屯守。
[36] 苍苍:盛的样子。蒸:众。
[37] 何咎:指百姓有什么过错。
[38] 悁悁(yuānyuān):忧闷的样子。
[39] 《老子》第三十章:"大军之后,必有凶年。"
[40] 《左传·昭公二十三年》:"古者天子,守在四夷。"这是说要用文德使四夷归服,各为天子守土,就没有战争之祸了。

# 第八单元

人才问题,自古就是一个为人们普遍关注的大问题。重用人才,国家就兴旺,摧残人才,国家就衰亡。这个道理是无需多说的。但人才问题牵涉到许多方面:什么是人才?怎样发现人才?怎样使用人才?用人者要有什么样的器度和胸怀?本单元选的四篇文章会给我们很好的启发。

# (一)齐桓公求管仲

《国语》

**山东嘉祥出土的齐桓公与管仲画像砖**

【作品简介】《国语》是我国最早的一部国别史,上起周穆王征犬戎,下至三晋灭智伯,记载了这五百余年间周、鲁、齐、晋、郑、楚、吴、越八国的史实。《国语》的作者不可考。司马迁《报任安书》:"左丘失明,厥有国语。"但"左丘"为何人,《国语》和《左传》的关系如何,迄无定论。

【阅读提示】 齐桓公任用管仲治国,齐国因此富强,齐桓公成了春秋五霸中的第一霸,这个故事很多人都知道。管仲本是齐桓公的仇人,齐桓公如果出于个人的恩怨,就不可能用他。同时,管仲得到重用,是由于鲍叔的推荐,鲍叔如果出于个人的私利,也就不会推荐他。鲍叔能荐贤,桓公能用贤,管仲才得以施展他的才能,齐国才能够富强。

---

桓公自莒反于齐[1],使鲍叔为宰[2]。辞曰:"臣,君之庸臣也。君加惠于臣,使不冻馁,则是君之赐也。若必治国家者,则非臣之所能也。若必治国家者,则其管夷吾乎[3]?臣之不若夷吾者五[4]:宽惠柔民[5],弗若也[6];治国家不失其柄[7],弗若也;忠信可结于百姓,弗若也;制礼仪可法于四方[8],弗若也;执枹鼓立于军门[9],使百姓加勇焉,弗若也。"桓公曰:"夫管夷吾射寡人中钩[10],是以滨于死[11]。"鲍叔对曰:"夫为其君动也[12],君若宥而反之[13],夫犹是也[14]。"桓公曰:"若何[15]?"鲍子对曰:"请诸鲁[16]。"桓公曰:"施伯[17],鲁之谋臣,夫知吾将用之,必不予我矣。若之何?"鲍子对曰:"使人请诸鲁,曰:'寡君有不令之臣在君之国[18],欲以戮之于群臣,故请之。'则予我矣。"桓公使请诸鲁,如鲍叔之言。

庄公以问施伯,施伯对曰:"此非欲戮之也,欲用其政也[19]。夫管子,天下之才也,所在之国,则必得志于天下。令彼在齐,则必长为鲁国忧矣。"庄公曰:"若何?"施伯对曰:"杀而以其尸授之。"庄公将杀管仲,齐使者请曰:"寡君欲亲以为戮,若不生得以戮于群臣,犹未得请也。请生之。"于是庄公使束缚以予齐使。齐使受之而退。

比至[20],三衅三浴之[21]。桓公亲逆之于郊[22],而与之坐而问焉。(齐语)

---

【注释】

[1] 莒(jǔ):春秋时诸侯国名,今山东莒县。反:同"返"。
[2] 鲍叔:名叔牙,齐大夫。宰:官名,即国相。
[3] 管夷吾:管仲。

[4] 不若:不如。
[5] 柔:安。
[6] 弗若:比不上。
[7] 柄:本。
[8] 法:示范。
[9] 桴(fú):鼓槌。军门:战争时立旌为门,以壮军威。
[10] 钩:即带钩,束于腰间皮带上。公元前686年,齐国发生内乱,齐国的两个公子纠和小白争夺君位。管仲忠于公子纠,曾一箭射中小白,只是射到带钩上,没有射死。后来小白得到君位,就是齐桓公。
[11] 滨:通"濒",临近。
[12] 夫:他。
[13] 宥:赦免。
[14] 犹是:像忠于公子纠一样。
[15] 若何:怎样才能使管仲回国。
[16] 诸:之于。
[17] 施伯:鲁大夫。
[18] 令:善,好。
[19] 用其政:等于说用他为执政。
[20] 比:等到。
[21] 衅:通"熏",熏香。
[22] 逆:迎。

## （二）燕昭王求士

《战国策》

**【作品简介】**《战国策》是战国时期的史料汇编,主要是战国时期游说之士的言行的记录,作者不可考。西汉时刘向加以整理,分为东周、西周(战国时的周王后裔建立的两个小国)、秦、齐、楚、赵、魏、韩、燕、宋、卫、中山十二国,共 33 篇。1973 年在长沙马王堆三号汉墓中出土了类似《战国策》的帛书,定名为《战国纵横家书》,可以参看。

**【阅读提示】**燕昭王师事郭隗以招天下贤者的事也被后代传为美谈。后代还进一步发展出燕昭王筑黄金台的说法,在古代诗文中,"黄金台"成了求贤的象征。特别是那些怀才不遇的文人,总期望君主为他们造一个黄金台。但是,并不是所有的君主都愿意求贤的。本文中所说的"帝者"、"王者"、"霸者"和"亡国(之君)"四种人,他们希望寻找的人不同,对人的态度不同,所得到的结果也不同。那种只希望下属对自己俯首听命的君主,他要的不是人才,而是奴才。这样的君主,当然只能是亡国之君。

燕昭王收破燕后即位[1],卑身厚币以招贤者,欲将以报雠[2]。故往见郭隗先生曰[3]:"齐因孤国之乱而袭破燕[4]。孤极知燕小力少,不足以报。然得贤士与共国,以雪先王之耻,孤之愿也。敢问以国报仇者奈何?"郭隗先生对曰:"帝者与师处,王者与友处,霸者与臣处,亡国与役处。诎指而事之,北面而受学,则百己者至[5]。先趋而后息,先问而后嘿[6],则什己者至。人趋己趋,则若己者至。冯几据杖,眄视指使,则厮役之人至[7]。若恣睢奋击,呴籍叱咄,则徒隶之人至矣[8]。此古服道致士之法也[9]。王诚博选国中之贤者,而朝其门下[10],天下闻王朝其贤臣,天下之士必趋于燕矣。"

昭王曰:"寡人将谁朝而可?"郭隗先生曰:"臣闻古之君人,有以千金求千里马者,三年不能得。涓人言于君曰[11]:'请求之。'君遣之。三月得千里马,马已死,买其首五百金,反以报君。君大怒曰:'所求者生马,安事死马,而捐五百金?'涓人对曰:'死马且买之五百金,况生马乎?天下必以为王能市马,马今至矣。'于是不能期年,千里之马至者三。今王诚欲致士,先从隗始,隗且见事[12],况贤于隗者乎?岂远千里哉?"于是昭王为隗筑宫而师之。乐毅自魏往,邹衍自齐往,剧辛自赵往[13],士争凑燕[14]。燕王吊死问生,与百姓同其甘苦。二十八年,燕国殷富,士卒乐佚轻战[15]。于是遂以乐毅为上将军,与秦楚三晋合谋以伐齐[16],齐兵败,闵王出走于外。燕兵独追北入至临淄[17],尽取齐宝,烧其宫室宗庙。齐城之不下者,唯独莒、即墨[18]。(燕策)

---

【注释】

[1] 燕昭王:名职,燕王哙之子。燕王哙时燕国发生内乱,齐闵王伐燕,破之。燕人立职为王。

[2] 雠:同仇。

[3] 郭隗(wěi):燕人。

[4] 孤:国君自称谦词。

[5] 诎指:犹躬身。北面:面朝北。古时地位高的坐北朝南,地位低的面向北站立。百己者:才能百倍于己的人。

[6] 趋:指为人奔走。嘿:通"默"。

[7] 冯(píng):同"凭",靠着。几:古代的一种坐具,坐时放在背后靠着。据杖:握着杖。眄(miǎn):斜视。指使:用手指着命令

人。厮役：仆役。
[8] 恣睢(zìsuī)：放纵。奋击，用力击打。呴籍：当作"跔(jū)藉"，跳动践踏，形容态度粗暴。叱咄(chìduō)：大声呵斥。徒隶：服劳役的罪犯。
[9] 服道致士：服侍有道的人，招致有才的人。
[10] 朝：拜见。
[11] 涓人：即中涓，主宫中洒扫清洁，泛指君主身边侍从。
[12] 见事：被用。
[13] 乐毅：魏人，军事家。邹衍：齐人，阴阳家。剧辛：赵人，后为燕臣。
[14] 凑：奔向。
[15] 佚：通逸。
[16] 三晋：魏、赵、韩。
[17] 临淄：齐都城，在今山东淄博。
[18] 莒(jǔ)：在今山东莒县。即墨：在今山东平度县东南。

# （三）杂说四

韩 愈

**【阅读提示】** 这篇短文说明了一个道理：要能够发现人才，爱护人才，否则，人才就会被埋没，有人才等于没有人才。所以说"世有伯乐，然后有千里马"。如果明知其为人才而心怀妒忌，横加迫害，如庞涓对待孙膑，李斯对待韩非，那就不是无知，而是卑鄙了。

世有伯乐，然后有千里马。千里马常有，而伯乐不常有。故虽有名马，祇辱于奴隶人之手，骈死于槽枥之间，不以千里称也。

马之千里者，一食或尽粟一石，饲马者不知其能千里而饲也。是马也，虽有千里之能，食不饱，力不足，才美不外见，且欲与常马等不可得，安求其能千里也？

策之不以其道，食之不能尽其材，鸣之不能通其意，执策而临之曰："天下无马。"呜呼！其真无马邪？其真不知马邪？

## （四）读《孟尝君传》

王安石

**【作家简介】** 王安石（1021～1086），字介甫，号半山，临川（今江西临川）人。在宋神宗时推行新法，封为荆国公。他是宋代著名的政治家、文学家。有《临川先生集》。

**【阅读提示】** 这篇短文比韩愈《杂说》更短，全文只有108个字，但是内容非常深刻。这篇短文不是对孟尝君作历史评价，而是借孟尝君的事发议论。文中提出两个问题：（一）什么是真正的士？（二）怎样才能得到真正的士？这两个问题，可以和本单元（二）《燕昭王求士》联系起来看。

---

世皆称孟尝君能得士，士以故归之。而卒赖其力，以脱于虎豹之秦。

嗟乎！孟尝君特鸡鸣狗盗之雄耳，岂足以言得士！不然，擅齐之强，得一士焉，宜可以南面而制秦，尚取鸡鸣狗盗之力哉？鸡鸣狗盗之出其门，此士之所以不至也。

---

## ［附］ 孟尝君列传（节选）

《史记》

孟尝君在薛[1]，招致诸侯宾客及亡人有罪者，皆归孟尝君[2]。孟尝君舍业厚遇之[3]，以故倾天下之士[4]。食客数千人，无贵贱一与文等[5]。孟尝君待客坐语，而屏风后常有侍史，主记君所与客语[6]，问亲戚居处[7]。客去，孟尝君已使使存问[8],献遗其亲戚[9]。孟尝君曾待客夜食,有一人蔽火光。客怒,以饭不等[10],辍食辞去。孟尝君起,自持其饭比之。客惭,自刭。士以此多归孟尝君。孟尝君客无所择,皆善遇之。人人各自以为孟尝君亲己。

秦昭王闻其贤,乃先使泾阳君为质于齐[11],以求见孟尝君。孟尝君将入秦,宾客莫欲其行[12],谏,不听。苏代谓曰[13]:"今旦代从外来,见木禺人与土禺人相与语[14]。木禺人曰:'天雨,子将败矣[15]。'土禺人曰:'我生于土,败则归土。今天雨,流子而行,未知所止息也。'今秦,虎狼之国也,而君欲往,如有不得还,君得无为土禺人所笑乎[16]!"孟尝君乃止。

齐湣王二十五年,复卒使孟尝君入秦,昭王即以孟尝君为秦相。人或说秦昭王曰[17]:"孟尝君贤,而又齐族也[18],今相秦,必先齐而后秦,秦其危矣[19]。"于是秦昭王乃止。囚孟尝君,谋欲杀之。孟尝君使人抵昭王幸姬求解[20]。幸姬曰:"妾愿得君狐白裘[21]。"此时孟尝君有一狐白裘,直千金[22],天下无双,入秦献之昭王,更无他裘。孟尝君患之,遍问客[23],莫能对。最下坐有能为狗盗者,曰:"臣能得狐白裘。"乃夜为狗,以入秦宫臧中[24],取所献狐白裘至,以献秦王幸姬。幸姬为言昭王,昭王释孟尝君。孟尝君得出,即驰去[25],更封传[26],变名姓以出关。夜半至函谷关[27]。秦昭王后悔出孟尝君,求之已去,即使人驰传逐之[28]。孟尝君至关,关法鸡鸣而出客,孟尝君恐追至,客之居下坐者有能为鸡鸣,而鸡齐鸣,遂发传出[29]。出如食顷[30],秦追果至关,已后孟尝君出,乃还。始孟尝君列此二人于宾客,宾客尽羞之[31],及孟尝君有秦难,卒此二人拔之[32]。自是之后,客皆服。

【注释】

[1] 孟尝君：田文,战国时齐国的贵族。薛：孟尝君的封邑,在今山东薛城附近。
[2] 归：归附。
[3] 舍业：舍弃了自己的家产。遇：对待,款待。
[4] 倾天下之士：吸引了天下所有的士。
[5] 无：无论。一与文等：一律与田文相同。
[6] 侍史：古代办理文书的侍从人员。所与客语：与宾客谈话的内容。所：辅助性代词。
[7] 亲戚：内外亲属,包括父母兄弟等家人。
[8] 去：离开。使使：派使者。前一个"使"为动词,后一个"使"为名词。存问：慰问,问候。存：问候。
[9] 献遗(wèi)：赠送财物。
[10] 以：认为。辍：停止。
[11] 泾阳君：姓嬴名悝,秦昭王之同母弟,封于泾阳,称泾阳君。质：人质,抵押品。
[12] 莫：没有谁。
[13] 苏代：战国时东周洛阳人,是当时有名的纵横家。
[14] 木禺人：木偶。禺(ǒu)：同"偶"。土禺人：泥人。相与语：互相谈论。
[15] 雨：动词,下雨。子：对人的敬称。败：毁坏。
[16] 得无：能够不,表示反问语气。
[17] 或：无定代词,有的人。说(shuì)：劝说。
[18] 族：家族。相秦：做秦的相国。相：名词用如动词。先齐而后秦：把齐国的事情摆在前面,把秦国放在后面。
[19] 其：句中语气词,表推测,相当于"大概"、"恐怕"。
[20] 抵：到达。这里指找到。幸姬：宠爱的妾。解：和解,调解。即向昭王说好话。

[21] 狐白裘:白色的狐皮做成的衣服。
[22] 直:通"值"。
[23] 徧:同"遍"。
[24] 臧(zàng):通"藏",贮藏财物的仓库。
[25] 驰:使劲赶马。
[26] 更(gēng):改变,调换。封传:出关的凭证。传(zhuàn):符信。
[27] 函谷关:从东方进入秦国的重要关口,在今河南宝灵县西南。
[28] 驰传:驾驿站车马飞速赶路。传(zhuàn):驿站的车马。逐:追赶。
[29] 发传:打开符信。
[30] 出如食顷:出关大约一顿饭时间。
[31] 羞之:以之为羞。
[32] 拔:拔出来。这里指把孟尝君从危难之中解救出来。

# 第九单元

中国古代的史书内容非常丰富，不但有生动的人物形象，而且有深刻的哲学思想。《左传》中记录的"和而不同"的思想，就是中国古代哲学的一个重要命题，它符合万物构成和发展的辩证法。把"和而不同"的思想运用于社会生活方面，就是要听取不同的意见。本单元的选文说明，广开言路能使自己更加强大，防民之口只能导致灭亡。

## （一）和而不同

*《左传》*

【阅读提示】 "和而不同"的思想，在《国语·郑语》中也有记载。那里面说："夫和实生物，同则不继。以他平他谓之和，故能丰长；若以同裨同，尽乃弃矣。"在自然界中，"和"的结果是滋长繁盛，"同"的结果是萎缩消亡。在社会生活方面也是如此，"以水济水"不但是淡而无味，而且会造成灾难。这从本单元(二)的附录《周厉王弭谤》就可以看到。

齐侯至自田[1]，晏子侍于遄台[2]，子犹驰而造焉[3]。公曰："唯据与我和夫！"晏子对曰："据亦同也[4]，焉得为和？"公曰："和与同异乎？"对曰："异。和，如羹焉[5]。水、火、醯、醢、盐、梅[6]，以烹鱼肉，燀之以薪[7]，宰夫和之[8]，齐之以味[9]，济其不及以洩其过[10]，君子食之，以平其心[11]。君臣亦然。君所谓可而有否焉[12]，臣献其否以成其可[13]。君所谓否而有可焉，臣献其可以去其否。是以政平而不干[14]，民无争心。故《诗》曰：'亦有和羹[15]，既戒既平[16]，鬷嘏无言，时靡有争[17]。'先王之济五味、和五声也[18]，以平其心、成其政也。声亦如味，一气、二体、三类、四物、五声、六律、七音、八风、九歌[19]，以相成也。清浊、小大、短长、疾徐、哀乐、刚柔、迟速、高下、出入、周疏[20]，以相济也。君子听之，以平其心，心平德和。故《诗》曰：'德音不瑕[21]。'今据不然。君所谓可，据亦曰可；君所谓否，据亦曰否。若以水济水，谁能食之？若琴瑟之专壹，谁能听之？同之不可也如是。"(昭公二十年)

【注释】

[1] 齐侯:指齐景公。田:田猎。
[2] 晏子:晏婴,齐景公的相。遄(chuán)台:台名。
[3] 子犹:齐景公的宠臣,姓梁丘,名据,字子犹。
[4] 亦:不过,只是。
[5] 羹:古代一种食物,带汤汁的肉或菜。
[6] 醯(xī):醋。醢(hǎi):肉酱。梅:梅子,古代用作调料。
[7] 燀(chǎn):炊,用火烧。
[8] 宰夫:厨子。
[9] 齐(jì):调和。
[10] 济:增益。
[11] 平:平和。
[12] 君主认为可的事物中有否的成分。
[13] 献:指向君主指出。
[14] 干:干犯。
[15] 和羹:用多种调味品做成的羹。
[16] 既敬戒又平和。戒:敬戒。
[17] 大意是君主总揽大政,上下皆无怨言。鬷(zōng):总。假(jiǎ):大。这几句诗见《诗经·商颂·烈祖》。
[18] 济:成。
[19] 一气:人气。二体:舞有文武二体。三类:风、雅、颂。四物:用四方之物为乐器。五声:宫、商、角、徵、羽。六律:十二律分六律六吕。七音:五音加变宫变徵。八风:八方之风。九歌:九功之事(水、火、金、木、土、谷、正德、利用、厚生)皆可歌。
[20] 周:稠密。疏:稀疏。
[21] 德音:美德。瑕:瑕疵。见《诗经·豳风·狼跋》。

## （二）子产不毁乡校[1]

《左传》

【阅读提示】 子产不愧是一个开明的政治家,他懂得百姓的议论没有什么可怕,可怕的倒是"防民之口",这必然导致堤防的崩溃。这不是危言耸听,周厉王就是前车之鉴。

郑人游于乡校,以论执政[2]。然明谓子产曰[3]:"毁乡校,何如[4]?"子产曰:"何为?夫人朝夕退而游焉[5],以议执政之善否。其所善者,吾则行之;其所恶者,吾则改之。是吾师也,若之何毁之?我闻忠善以损怨[6],不闻作威以防怨[7]。岂不遽止[8]?然犹防川:大决所犯[9],伤人必多,吾不克救也;不如小决使道[10],不如吾闻而药之也[11]。"然明曰:"蔑也今而后知吾子之信可事也[12],小人实不才。若果行此,其郑国实赖之,岂唯二三臣[13]?"仲尼闻是语也[14],曰:"以是观之,人谓子产不仁,吾不信也。"(襄公三十一年)

【注释】
[1] 子产:郑大夫,姓公孙,名侨,春秋时有名的政治家。乡校:乡里的公共场所。既是学校,又是乡人聚会议事的地方。"乡"是古代的居民区域,据说12500家为一乡。
[2] 执政:执政者。
[3] 然明:郑大夫,姓鬷(zōng),名蔑,字然明。
[4] 何如:怎么样。
[5] 夫,句首语气词,引起议论。退,指工作完毕回来。游:游憩。
[6] 忠善:为忠善之事。

[7]　防:堵住。
[8]　遽(jù):急,迅速。
[9]　决:堤防溃决。
[10]　不如开个小口子让[川]畅通。道:同导。
[11]　药:用如动词,以……为药。之:指郑人的议论。
[12]　可事:可以成事。
[13]　岂只是我们这些臣子[赖之]。二三:泛指复数。
[14]　仲尼:孔子的字。

## 附:周厉王弭谤

《国语》

　　厉王虐,国人谤王[1]。邵公告王曰[2]:"民不堪命矣!"王怒,得卫巫,使监谤者,以告,则杀之。国人莫敢言,道路以目[3]。王喜,告邵公曰:"吾能弭谤矣[4],乃不敢言。"邵公曰:"是障之也。防民之口,甚于防川。川壅而溃,伤人必多,民亦如之。是故为川者决之使导,为民者宣之使言[5]。故天子听政,使公卿至于列士献诗,瞽献曲[6],史献书[7],师箴[8],瞍赋[9],矇诵[10],百工谏[11],庶人传语[12],近臣尽规[13],亲戚补察[14],瞽史教诲,耆艾修之[15],而后王斟酌焉,是以事行而不悖。民之有口,犹土之有山川也,财用于是乎出;犹其有原隰衍沃也[16],衣食于是乎生。口之宣言也,善败于是乎兴,行善而备败,其所以阜财用衣食者也[17]。夫民虑之于心而宣之于口,成而行之[18],胡可壅也?若壅其口,其与能几何[19]?"王不听,于是国莫敢出言。三年,乃流王于彘[20]。(周语上)

【注释】

[1] 厉王:周厉王,公元前878年在位。
[2] 邵公:周厉王的大臣。
[3] 目:动词,看。
[4] 弭:止。
[5] 宣:疏通,放开。
[6] 瞽(gǔ):盲人。
[7] 史:史官。
[8] 师:少师,一种乐官。箴:规谏。
[9] 瞍(sǒu):没有眸子的盲人。赋:念诗。
[10] 矇(méng):有眸子的盲人。诵:有节奏地念。
[11] 百工:各种工匠。
[12] 传语:把百姓之语传给君主。
[13] 近臣:左右侍从。规:规谏。
[14] 亲戚:亲属。
[15] 耆(qí)艾:老人,指君主的师傅。修:治。
[16] 原:平原。隰(xí):低湿之地。衍:低而平之地。沃:有灌溉之地。
[17] 阜:丰富。
[18] 成而行之:意谓百姓之言既出,君主应择其善者而行。
[19] 与:助词。
[20] 流:流放。彘:地名,在今山西霍县。

## (三)邹忌讽齐王纳谏

《战国策》

**【阅读提示】** 这篇文章大家都很熟悉,但放到本单元中来读一读,还是很有意义。邹忌明明不如徐公美,但他的妻、妾、客都不对他讲真话,而是众口一词地说他比徐公美。一个人听不到真话是很可怕的,这就是"蔽"。地位越高,权力越大,其"蔽"就可能越甚。身处高位的对此要有清醒的认识,才能去掉"蔽",听到各种不同的声音。

邹忌修八尺有余,身体昳丽[1]。朝服衣冠,窥镜[2],谓其妻曰:"我孰与城北徐公美[3]?"其妻曰:"君美甚,徐公何能及公也!"城北徐公,齐国之美丽者也。忌不自信,而复问其妾曰:"吾孰与徐公美?"妾曰:"徐公何能及君也!"旦日[4],客从外来,与坐谈,问之客曰:"吾与徐公孰美?"客曰:"徐公不若君之美也。"明日,徐公来,孰视之,自以为不如。窥镜而自视,又弗如远甚。暮寝而思之,曰:"吾妻之美我者,私我也[5]。妾之美我者,畏我也。客之美我者,欲有求于我也。"

于是入朝见威王[6],曰:"臣诚知不如徐公美。臣之妻私臣,臣之妾畏臣,臣之客欲有求于臣,皆以美于徐公[7]。今齐地方千里,百二十城,宫妇左右莫不私王,朝廷之臣莫不畏王,四境之内莫不有求于王。由此观之,王之蔽甚矣!"

王曰:"善。"乃下令:"群臣吏民能面刺寡人之过者,受上赏;上书谏寡人者,受中赏;能谤讥于市朝,闻寡人之耳者[8],受下赏。"令初下,群臣进谏,门庭若市[9]。数月之后,时时而间进[10]。期年之后[11],虽欲言,无可进者。燕、赵、韩、魏闻之,皆

朝于齐。此所谓战胜于朝廷[12]。(齐策)

【注释】

[1] 邹忌:齐威王的相。脩:通"修",长。昳(yì)丽:光艳漂亮。
[2] 朝(zhāo):早晨。服:穿戴。窥:本义是从小孔或缝隙中看,这里指对着镜子端视。
[3] 孰与:表比较,选择。哪一个。
[4] 旦日:明日。
[5] 私:指偏爱。
[6] 威王:齐威王,田氏,名因齐,公元前356年至前318年在位。
[7] 以:以为。
[8] 谤:公开指责,不是现代汉语中的"诽谤"的意思。讥:以微言批评。市朝:泛指公共场所。闻:使动用法。使……闻。
[9] 门口和庭院像集市一样。
[10] 间(jiàn):间断,间或。进:指进谏。
[11] 期(jī)年:一周年。
[12] 意思是把国内的事情办好,就可以不用战争而制服别国。

## （四）魏征谏唐太宗

《资治通鉴》

【阅读提示】 "君所谓可而有否焉,臣献其否以成其可。君所谓否而有可焉,臣献其可以去其否。"这就是"和而不同"。但臣子要做到这一点并不容易,魏征差一点为此而丢了性命。幸好唐太宗是一个开明的君主,不过这样的君主在历史上不多见。

长乐公主将出降[1],上以公主皇后所生,特爱之,敕有司资送倍于永嘉长公主[2]。魏征谏曰:"昔汉明帝欲封皇子,曰:'我子岂得与先帝子比!'皆令半楚、淮阳[3]。今资送公主倍于长主,得无异于明帝之意乎!"上然其言,入告皇后。后叹曰:"妾亟闻陛下称重魏征,不知其故,今观其引礼义以抑人主之情,乃知真社稷之臣也! 妾与陛下结发为夫妇,曲承恩礼,每言必先候颜色[4],不敢轻犯威严;况以人臣之疏远,乃能抗言如是[5],陛下不可不从。"因请遣中使赍钱四百缗、绢四百匹以赐征[6],且语之曰:"闻公正直,乃今见之,故以相赏。公宜常秉此心,勿转移也。"上尝罢朝,怒曰:"会须杀此田舍翁[7]。"后问为谁,上曰:"魏征每廷辱我。"后退,具朝服立于庭,上惊问其故。后曰:"妾闻主明臣直;今魏征直,由陛下之明故也,妾敢不贺!"上乃悦。

……

闰月,乙卯,上宴近臣于丹霄殿,长孙无忌曰:"王珪、魏征,昔为仇雠,不谓今日得此同宴[8]。"上曰:"征、珪尽心所事,故我用之。然征每谏,我不从,我与之言辄不应[9],何也?"魏征对曰:"臣以事为不可,故谏;陛下不从而臣应之,则事遂施行,故不敢应。"上曰:"且应而复谏,庸何伤[10]!"对曰:"昔舜戒群臣:'尔无面从,退有后言[11]。'臣心知其非而口应陛下,乃面从也。岂稷、契事舜之意邪[12]!"上大笑曰:"人言魏征举止疏慢,我视之更觉妩媚,正为此耳!"征起,拜谢曰:"陛下开臣使言[13],故臣得尽其愚;若陛下拒而不受,臣何敢数犯颜色乎!"(唐太宗贞观六年)

【注释】

[1] 长乐公主:唐太宗的女儿。出降:公主出嫁叫"出降"。
[2] 有司:有关的官员。资送:陪嫁的财礼。永嘉长公主:唐高祖的女儿。
[3] 汉明帝封他的几个儿子为王,亲自定其封域,只有楚王、淮阳王的一半。楚王英、淮阳王延是汉光武的儿子。汉光武是汉明帝之父。
[4] 颜色:指脸色。
[5] 抗言:直言。
[6] 中使:宫中的使者。赍(jī):带着。
[7] 会须:一定要。田舍翁:等于说"乡巴佬"。
[8] 王珪和魏征原来是李世民的哥哥李建成的下属,帮助李建成和李世民争夺帝位。
[9] 应:应和,附和。
[10] 庸何:为何。
[11] 见《尚书·益稷》。
[12] 稷契:见 36 页注[3]。
[13] 开:启发。

# 第十单元

中国古代的史书和子书中不但有文史哲的大量资料,也有不少法律思想和经济思想的记载。本单元选了法律和经济各两篇。从这些选文看,虽然我国古代主要是人治而不是法治,是自然经济而不是商品经济,但仍然有一些很有价值的法律思想和经济思想,直至今天还可以作为借鉴。

# （一）商君列传[1]（节选）

《史记》

【作品简介】 《史记》是我国第一部纪传体的通史，记载了自远古至汉武帝的历史。全书包括十二本纪，十表，八书，三十世家，七十列传（包括《自序》一篇），共一百三十篇。以人物传记为中心记载历史的"纪传体"是《史记》所开创的，两千年来我国封建社会的正史一直沿用这种体例。

《史记》的作者司马迁（公元前145～前90年左右），字子长，夏阳（今陕西韩城县南）人。我国古代伟大的史学家和文学家。曾任太史令，因替李陵辩护，触怒汉武帝而下狱受宫刑。受刑后坚持完成了这部历史巨著。

【阅读提示】 商鞅变法在历史上是很有名的，他也是早期法家的代表人物之一。本篇反映了商鞅"治世不一道，便国不法古"的主张，以及严格执法，信赏必罚的法治精神。正因为他对犯法的太子及其师傅严格执法，得罪了他们，所以，当秦孝公死后，太子继承君位，就对商鞅进行报复，车裂商鞅。但商鞅变法对历史的推动作用并没有因此而消失。

---

孝公既用卫鞅[2]，鞅欲变法，恐天下议己。卫鞅曰："疑行无名[3]，疑事无功。且夫有高人之行者，固见非于世；有独知之虑者，必见敖于民[4]。愚者闇于成事[5]，知者见于未萌。民不可与虑始而可与乐成[6]。论至德者不和于俗，成大功者不谋于众。是以圣人苟可以强国，不法其故；苟可以利民，不循其礼。"孝公曰："善。"甘龙曰[7]："不然。圣人不易民而教，知者不变法而治。因民而教，不劳而成功；缘法而治者，吏习而民安之。"卫

鞅曰:"龙之所言,世俗之言也。常人安于故俗,学者溺于所闻。以此两者居官守法可也,非所与论于法之外也。三代不同礼而王,五伯不同法而霸。智者作法,愚者制焉;贤者更礼,不肖者拘焉。"杜挚曰[8]:"利不百,不变法;功不十,不易器。法古无过,循礼无邪。"卫鞅曰:"治世不一道,便国不法古。故汤武不循古而王,夏殷不易礼而亡。反古者不可非,而循礼者不足多。"孝公曰:"善。"以卫鞅为左庶长[9],卒定变法之令。

令民为什伍[10],而相牧司连坐[11]。不告奸者腰斩,告奸者与斩敌首同赏,匿奸者与降敌同罚。民有二男以上不分异者[12],倍其赋。有军功者,各以率受上爵[13];为私斗者,各以轻重被刑大小。僇力本业[14],耕织致粟帛多者复其身[15]。事末利及怠而贫者[16],举以为收孥[17]。宗室非有军功论,不得为属籍[18]。明尊卑爵秩等级,各以差次名田宅[19],臣妾衣服以家次[20]。有功者显荣,无功者虽富无所芬华。

令既具,未布,恐民之不信,已乃立三丈之木于国都市南门,募民有能徙置北门者予十金。民怪之,莫敢徙。复曰:"能徙者予五十金"。有一人徙之,辄予五十金,以明不欺。卒下令。

令行于民期年,秦民之国都言初令之不便者以千数[21]。于是太子犯法。卫鞅曰:"法之不行,自上犯之。"将法太子。太子,君嗣也,不可施刑,刑其傅公子虔[22],黥其师公孙贾[23]。明日,秦人皆趋令。行之十年,秦民大说,道不拾遗,山无盗贼,家给人足。民勇于公战,怯于私斗,乡邑大治。秦民初言令不便者有来言令便者,卫鞅曰"此皆乱化之民也",尽迁之于边城。其后民莫敢议令。

【注释】

[1] 商君:商鞅,姓公孙,名鞅,卫人。后入秦为相,封于商,故称商君。
[2] 孝公:秦国国君。
[3] 疑:犹豫不决。
[4] 敖:轻视。
[5] 闇:同"暗",这里指不明白。
[6] 意思是:百姓安于现状,不能和他们一起考虑如何创始,只能和他们一起享受成功。
[7] 甘龙:秦孝公的大臣。
[8] 杜挚:秦孝公的大臣。
[9] 左庶长:秦国第十级爵为左庶长。
[10] 什伍:或十家为保,或五家为保。
[11] 牧司:互相揭发。连坐:若不揭发,则相连及而坐罪。
[12] 分异:分家。
[13] 率:比例,指按军功大小。
[14] 僇力:努力从事。本业:指耕织。
[15] 复:免除徭役。
[16] 末利:指工商。
[17] 收孥:没入为官奴婢。
[18] 属籍:宗室谱籍。
[19] 名:占有。
[20] 家次:其家之等次。
[21] 之:到……去。
[22] 傅:负责教育太子的官。
[23] 黥(qíng):脸上刺字。

## (二) 张释之传[1](节选)

《史记》

【阅读提示】 这篇选文提出的问题很值得注意:量刑要有统一的准则。什么罪该轻判,什么罪该重判,都要根据事实,根据法律,不能随意地加重或减轻。当然,封建社会的君主是超于法律之上的,所以张释之说"方其时,上使立诛之则已"。但既然皇帝把这案子交给他来判,他就要宁可抗旨不遵,也要坚持依法办事。这种精神是十分可贵的。

顷之,上行出中渭桥[2],有一人从桥下走出[3],乘舆马惊[4]。于是使骑捕,属之廷尉[5]。释之治问。曰:"县人来[6],闻跸[7],匿桥下。久之,以为行已过,即出,见乘舆车骑,即走耳。"廷尉奏当[8],一人犯跸,当罚金。文帝怒曰:"此人亲惊吾马,吾马赖柔和[9],令他马[10],固不败伤我乎?而廷尉乃当之罚金!"释之曰:"法者天子所与天下公共也。今法如此而更重之,是法不信于民也。且方其时,上使立诛之则已。今既下廷尉,廷尉,天下之平也[11],一倾而天下用法皆为轻重,民安所措其手足?唯陛下察之。"良久,上曰:"廷尉当是也。"……

其后有人盗高庙坐前玉环[12],捕得,文帝怒,下廷尉治。释之案律盗宗庙服御物者为奏[13],奏当弃市[14]。上大怒曰:"人之无道,乃盗先帝庙器,吾属廷尉者,欲致之族[15],而君以法奏之,非吾所以共承宗庙意也[16]。"释之免冠顿首谢曰[17]:"法如是足也。且罪等,然以逆顺为差[18]。今盗宗庙器而族之,有如万分之一,假令愚民取长陵一抔土[19],陛下何以加其法乎?"久之,文帝与太后言之,乃许廷尉当。是时,中尉条侯周亚夫与梁相山都侯王恬开见释之持议平[20]，乃结为亲友。张廷尉由此天下称之。

【注释】

[1] 张释之：字季，汉文帝时人，官至廷尉。
[2] 上：指汉文帝。中渭桥：渭水上一座桥梁。
[3] 走：跑。
[4] 乘舆：皇帝的车驾。
[5] 属之廷尉：把他交给廷尉。廷尉：汉代主管司法的最高官员。
[6] 县人：长安县人。桥下之人自称。
[7] 跸：古代皇帝出行路上禁断行人。
[8] 当：判决。
[9] 赖：幸亏。
[10] 令他马：如果是别的马。
[11] 天下之平：意思是"天下法律的标准"。
[12] 高庙：高祖的庙。指汉高祖刘邦的庙。
[13] 案：同"按"，按照。服御：服饰车马器用等。
[14] 弃市：在市上处死。
[15] 族：诛三族。
[16] 共承：恭敬地承奉。
[17] 谢：谢罪。
[18] 两句意思是：同样是死罪，但要根据案情轻重分别等次（指弃市和族）。
[19] 取长陵一抔土：指盗墓。长陵：汉高祖的陵墓。抔(póu)：捧。
[20] 中尉条侯周亚夫：周亚夫的官职为都尉，封爵为条侯。梁相山都侯王恬开：王恬开的官职为梁相，封爵为山都侯。

## （三）国蓄（节选）

《管子》

**【作品简介】**《管子》假托为春秋时的管仲撰，实际上是战国至西汉许多不同人的作品，思想与儒、道、法、阴阳各家有同有异。原有389篇，西汉末由刘向整理，定为86篇，今存76篇。书中有三分之一以上的篇目专门谈论经济问题，是我国古代有关经济的一部重要著作。郭沫若、闻一多、许维遹有《管子校释》。

**【阅读提示】**《管子》中提出了一个重要的经济理论："轻重"。这个理论认识到供求关系会影响物价，物价的暴涨或暴跌都会使少数人暴富，而多数人陷于贫困。因而朝廷要在不同的时候用收购或抛售的手段来保持物价的平衡，从而使"大贾蓄家不得豪夺吾民"。请大家注意：这一思想是在战国至西汉时期提出的！

凡将为国，不通于轻重[1]，不可为笼以守民[2]；不能调通民利[3]，不可以语制为大治[4]。是故万乘之国有万金之贾，千乘之国有千金之贾。然者何也？国多失利，则臣不尽其忠，士不尽其死矣[5]。岁有凶穰[6]，故谷有贵贱；令有缓急，故物有轻重[7]。然而人君不能治，故使蓄贾游市乘民之不给[8]，百倍其本[9]。分地若一，强者能守；分财若一，智者能收。智者有十倍人之功，愚者有不赓本之事[10]，然而人君不能调，故民有相百倍之生也[11]。

夫民富则不可以禄使也[12]，贫则不可以罚威也。法令之不行，万民之不治，贫富之不齐也[13]。且君引錣量用[14]，耕田发草土得其数矣[15]；民人所食，人有若干步亩之数矣[16]。计本量委则足矣[17]。然而民有饥饿不食者何也？谷有所藏也。今君铸钱立币,民庶之通施也,人有若干百千之数矣。然而民事不及用不足者何也[18]?利有所并也[19]。然则人君非能散积聚[20],钧羡不足[21],分并财利而调民事也[22],则君虽强本趣耕[23],而自为铸币而无已,乃今使民下相役耳[24],恶能以为治乎?

岁适美则市粜无予[25],而狗彘食人食[26];岁适凶则市籴釜十缗[27],而道有饿民。然则岂壤力固不足而食固不赡也哉[28]?夫往岁之粜贱,狗彘食人食,故来岁之民不足也。物适贱则半力而无予[29],民事不偿其本;物适贵则十倍而不可得,民失其用。然则岂财物固寡而本委不足也哉[30]?夫民利之时失而物利之不平也。故善者委施于民之所不足[31],操事于民之所有余[32]。夫民有余则轻之[33],故人君敛之以轻;民不足则重之,故人君散之以重。敛积之以轻,散行之以重,故君必有什倍之利,而财之櫎得而平也[34]。

凡轻重之大利,以重射轻[35],以贱泄平[36]。万物之满虚随财[37],准平而不变[38],衡绝则重见[39]。人君知其然,故守之以准平。使万室之都必有万钟之藏,藏镪千万[40];使千室之都必有千钟之藏,藏镪百万。春以奉耕[41],夏以奉耘,耒耜械器,钟镶粮食[42],毕取赡于君,故大贾蓄家不得豪夺吾民矣。然者何?君养其本谨也[43]。春赋以敛缯帛[44],夏贷以收秋实[45],是故民无废事[46],而国无失利也。

◇◇◇◇◇◇◇◇◇◇◇◇◇◇◇◇◇◇◇◇◇◇◇◇◇◇◇◇◇◇◇◇

【注释】

[1] 轻重:这里是指调节商品和物价的理论。
[2] 为笼:指进行控制。
[3] 调通:指调节平均。
[4] 语:谈论。制为大治:指控制经济而使国大治。

[5] 三句是说:国家的钱财流失(到商人那里)了,因此臣子不愿尽忠,士兵不愿效死。
[6] 凶:灾荒。穰:丰收。
[7] 轻重:指物价高低。
[8] 蓄贾(gǔ):囤积的商人。游市:在市上流动的商人。给:足。
[9] 百倍其本:牟取比本钱高百倍的暴利。
[10] 不赓本:收入不能偿本。赓:偿。
[11] 相百倍之生:生活状况相差百倍。
[12] 以禄使:用俸禄来驱使。意谓富人傲视王侯。
[13] 三句是说:法令不齐,万民不治,是因为贫富不齐的缘故。
[14] 引錣量用:用筹码计算所需数量。錣(zhuì):古代计算用的筹码。
[15] 发草土:开荒。
[16] 步:长度单位,六尺为一步。
[17] 计本量委:计量农业的生产和谷物的积贮。本,农业。委,积贮。
[18] 民事不及:人民需要不能满足。
[19] 并:并吞。
[20] 非能:若不能。"非能"一直管到"调民事也"。
[21] 钧:同"均"。羡:餘。
[22] 调民事:调节人民的需求。
[23] 趣(cù):督促。
[24] 下相役:指富人役使穷人。
[25] 岁:年成。适:值,碰上。粜:卖谷物。无予:指卖不出。
[26] 彘(zhì):猪。
[27] 籴:买谷物。釜:古代容量单位,六斗四升。繦(qiǎng):穿钱的绳子,引申为一串钱。
[28] 赡:足。

[29] 半力:当作"半分",半价。
[30] 本委:指生产和储藏。
[31] 委施:委,弃。施,予。委施指出售。
[32] 操事:从事,这里指收购。
[33] 轻之:指降价。
[34] 横(guàng):平准价格。
[35] 以重射轻:用较高的价钱来收购(因卖不出去而)低价的物品。射:逐取。
[36] 以贱泄平:"平"当为"贵"之误。意谓用低价抛售来使腾贵的物价降低。
[37] 满:指供过于求。虚:指供不应求。随财:"财"当作"时"。指随时令而变化。
[38] 准平:指调节物价的措施。
[39] 衡绝:平衡破坏。重:这里指轻重,指物价的贵贱涨落。见(xiàn):出现。
[40] 钟:古代容量单位,六十四斗。
[41] 奉:供给。
[42] 耒(lěi)耜(sì):两种农具。钟镶:当作"种穰",指种子。
[43] 养其本:保护农业生产。谨:谨慎。
[44] 赋:给予。这里指贷给。缯(zēng)帛:丝织品。意谓春贷财物给农民养蚕,秋天就能向农民收缯帛。
[45] 秋实:指秋收的粮食。
[46] 废事:指荒废农事。

## (四)力耕(节选)

《盐铁论》

【作品简介】《盐铁论》,西汉桓宽编著,是根据汉昭帝始元六年(公元前81年)在长安举行的一次盐铁会议上双方的辩论加以推衍、增广而写成的。盐铁会议辩论的一方是御史大夫桑弘羊(公元前153~80年),他是汉武帝时期经济政策(如盐铁官营等)的制定者和推行者,另一方是来自各地的文学、贤良,他们反对桑弘羊的经济政策。这是一次关于经济问题的大辩论。桓宽,字次公,汝南(今河南汝县)人,汉宣帝时任庐江太守丞。今人王利器有《盐铁论校释》。

【阅读提示】 中国自古就重农轻商。重农是对的,直至今天也要以农业为本。但轻商就未必正确,也许正因为轻商,所以古代商业的发展受到了限制。但是古代也有思想家认为商业应当重视。本篇中桑弘羊和"文学"的辩论就是在如何看待商业的问题上展开的,桑弘羊说得很有道理。

文学曰[1]:"古者十一而税,泽梁以时入而无禁[2],黎民咸被南亩而不失其务[3]。故三年耕而余一年之蓄,九年耕有三年之蓄。此禹、汤所以备水旱而安百姓也。草莱不辟,田畴不治[4],虽擅山海之财,通百末之利[5],犹不能赡也。是以古者尚力务本而种树繁[6],躬耕趣时而衣食足[7],虽累凶年而人不病也[8]。故衣食者民之本,稼穑者民之务也[9]。二者修,则国富而民安也。《诗》云:'百室盈止,妇子宁止'也[10]。"

大夫曰[11]:"贤圣治家非一宝,富国非一道。昔管仲以权谲霸,而纪氏以强本亡[12]。使治家养生必于农,则舜不甄陶而伊尹不为庖[13]。故善为国者,天下之下我高,天下之轻我重[14]。以末易其本,以虚荡其实[15]。今山泽之财,均输之藏[16],所以御轻重而役诸侯也[17]。汝、汉之金,纤微之贡[18],所以诱外国而钓胡、羌之宝也[19]。夫中国一端之缦得匈奴累金之物[20],而损敌国之用。是以骡驴馲驼衔尾入塞[21],驒騱騵马尽为我畜[22],鼲貂狐貉采旃文罽充于内府[23],而璧玉珊瑚琉璃咸为国之宝。是则外国之物内流,而利不外泄也。异物内流则国用饶,利不外泄则民用给矣。《诗》曰:'百室盈止,妇子宁止。'"

文学曰:"古者,商通物而不豫[24],工致牢而不伪[25]。故君子耕稼田鱼其实一也[26]。商则长诈[27],工则饰骂[28],内怀阛阓而心不怍[29],是以薄夫欺而敦夫薄[30]。昔桀女乐充宫室,文绣衣裳,故伊尹高逝游薄[31],而女乐终废其国。今骡驴之用不中牛马之功[32],鼲貂旃罽不益锦绨之实[33]。美玉珊瑚出于昆山[34],珠玑犀象出于桂林[35],此距汉万有余里。计耕桑之功,资财之费,是一物而售百倍其价也,一揖而中万钟之粟也[36]。夫上好珍怪,则淫服下流[37],贵远方之物,则货财外充[38]。是以王者不珍无用以节其民,不爱奇货以富其国。故理民之道,在于节用尚本,分土井田而已[39]。"

大夫曰:"自京师东南西北,历山川,经郡国,诸殷富大都,无非街衢五通,商贾之所臻[40],万物之所殖者[41]。故圣人因天时,智者因地财,上士取诸人,中士劳其形。长沮、桀溺无百金之积[42],蹠蹻之徒无猗顿之富[43],宛周齐鲁商遍天下[44]。故乃商贾之富,或累万金,追利乘羡之所致也[45]。富国何必用本农,足民何必井田也?"

【注释】

[1] 文学:汉代选拔人才有"贤良文学"科,简称"贤良"或"文学",也称由此而选拔的人才。
[2] 泽梁:沼泽河流中为捕鱼筑的水坝。
[3] 被:及;到。南亩:指农田。
[4] 草莱:指荒地。田畴:指田地。
[5] 山海之财:指山海的自然资源。百末之利:泛指各种工商之利。
[6] 尚力:崇尚力耕。种树:种植。繁:多。
[7] 趣时:指不误农时。趣:同"趋"。
[8] 累(lěi):连续。病:困乏。
[9] 稼穑(sè):指农业生产。务:指努力要做的事。
[10] 室:家室,家庭。盈:满;富足。止:句末语气词。妇子:妻和子。宁:安宁。引诗见《诗经·周颂·良耜》。
[11] 大夫:指御史大夫桑弘羊。
[12] 权:用权谋。谲(jué):诡诈。纪氏:指春秋时纪国的君主。据《管子·轻重乙》载,纪氏注意发展农业,但不善于管理,结果粮食流出境外,遂至亡国。
[13] 甄陶:用土烧制陶器。相传舜曾在历山脚下烧过陶器。为庖(páo):当厨师。相传商初大臣伊尹曾当过厨师。
[14] 天下认为下的我认为高,天下认为轻的我认为重。这两句引自《管子·轻重乙》。原文无两"之"字。
[15] 以末易其本:意谓用商业手段获至别国重要农产品。以虚荡其实:意谓用很少以至无用之物换取别国许多贵重物品。荡:流通。
[16] 均输:汉武帝实行的一项经济政策,由朝廷统一征收、买卖和运输货物。
[17] 御轻重:指控制贸易。

[18]　汝：汝水，在今河南境内。汉：汉水，源出陕西，流经湖北入长江。纤微：少量。
[19]　胡：中国古代对北方和西方各族的泛称。羌(qiāng)：古族名。主要分布在今甘肃、青海、四川一带。
[20]　端：古代布帛长度名，二丈为一端。缦(màn)：无文采的丝织物。累金：意谓多金。
[21]　馲(tuó)驼：骆驼。衔尾：咬着尾巴。形容络绎不绝。
[22]　驒騱(tuóxī)：畜名。似马而小。一说为野马。騵(yuán)：赤色白腹的马。
[23]　䴎(hún)：灰鼠，皮可制裘。貂：同"貂"(diāo)，貂鼠。貉(hé)：狗獾。旃：通"毡"。罽(jì)：一种毛织品。内府：指皇室仓库。
[24]　豫：诳诈；欺骗。
[25]　致：达到。牢：坚固。
[26]　田：后来写作"畋"，打猎。鱼：后来写作"渔"，捕鱼。
[27]　长：擅长。
[28]　饰赝(mà)：饰巧；作假。一说，指高抬物价。
[29]　阗阓(yú)：窥视。指伺机取利。怍(zuò)：惭愧。
[30]　薄夫：轻薄卑鄙之人。敦夫：敦厚老实之人。薄：不厚道。这里是"变得不厚道"之意。
[31]　桀：夏朝末代君主。女乐：歌舞女子。文绣衣裳：指穿着绣有彩色花纹的衣裳。高逝：意谓远走高飞。薄：通"亳(bó)"。古都邑名。在今河南境内。当时为商汤所居之地。
[32]　中(zhòng)：适合。意谓相当。
[33]　锦：彩色丝织物。绨(tí)：粗厚而滑泽的丝织物。
[34]　昆山：古山名。即今昆仑山。
[35]　珠玑：珍珠。犀象：犀角象牙。桂林：郡名，治所在今广西桂平县西南。

[36] 挹:通"挹(yì)",舀。一挹:意谓很少。钟:见149页注[40]。
[37] 淫服:奇装异服。下流:流行于下。
[38] 外充:使别国充实。
[39] 分土井田:分配土地,实行井田制。这里指从事农业生产。
[40] 臻:至。
[41] 殖:繁殖。这里指聚集。
[42] 长沮(jǔ)、桀溺:春秋时的两个隐士,孔子曾向他们问路。
[43] 跖(zhí)蹻(jiǎo):相传春秋时的大盗。猗顿:战国时大商人。
[44] 宛(yuān):地名,在今河南南阳市。周:指东周京都洛阳一带。齐、鲁:指战国时齐国、鲁国一带。
[45] 乘:追逐。羡:余,这里指盈余。

# 第十一单元

> 我国古代科技和艺术都很发达,出现了不少优秀的人物,他们的成就至今仍是我们民族的骄傲。我国与外国的交往很早就已经开始,有不少人历尽千辛万苦,打通了中外交通的渠道。这些方面的人物在正史中记得不多,倒是在正史之外的文献中保留了他们的资料。本单元选的就是这些人物的事迹。

# (一) 华佗传(节选)

《三国志》

**华佗讲学图**

【作品简介】 《三国志》是一部记载三国时期历史的纪传体史书,包括《魏书》三十卷,《蜀书》十五卷,《吴书》二十卷。原先各自成书,到北宋时合成一书,定名《三国志》。作者陈寿(233~297),字承祚,巴西安汉(今四川南充市)人。曾在蜀国任观阁内史,入晋后任著作郎。

南朝宋时,裴松之为《三国志》作注,引用魏晋人的著作二百多种,注文数倍于原书,很有史料价值。

【阅读提示】 华佗的传是收在《三国志·方技传》中的,因此,有关他的医术的有些记载带有神奇的色彩。但关于他发明"麻沸散"以及"五禽之戏"的记载是真实可信的。他不愿意为曹操一个人看病,在临刑前还想把他的医术传给别人,这些都显示了他的高贵品格。

华佗字元化,沛国谯人也,一名旉[1]。游学徐土,兼通数经[2]。沛相陈珪举孝廉,太尉黄琬辟,皆不就[3]。晓养性之术,时人以为年且百岁而貌有壮容。又精方药[4],其疗疾,合汤不过数种[5],心解分剂[6],不复称量,煮熟便饮,语其节度[7],舍去辄愈[8]。若当灸,不过一两处,每处不过七八壮,病亦应除[9]。若当针,亦不过一两处,下针言:"当引某许,若至,语人[10]。"病者言"已到",应便拔针,病亦行差[11]。若病结积在内,针药所不能及,当须刳割者[12],便饮其麻沸散[13],须臾便如醉死,无所知,因破取。病若在肠中,便断肠湔洗[14],缝腹膏摩[15],四五日,差,不痛,人亦不自寤[16],一月之间,即平复矣[17]。

府吏兒寻、李延共止[18],俱头痛身热,所苦正同[19]。佗曰:"寻当下之[20],延当发汗。"或难其异[21]。佗曰:"寻外实,延内实,故治之宜殊[22]。"即各与药,明旦并起。

……

广陵太守陈登得病[23],胸中烦懑[24],面赤不食。佗脉之曰:"府君胃中有虫数升,欲成内疽[25],食腥物所为也。"即作汤二升,先服一升,斯须尽服之。食顷,吐出三升许虫,赤头皆动,半身是生鱼脍也[26],所苦便愈。佗曰:"此病后三期当发[27],遇良医乃可济救[28]。"依期果发动,时佗不在,如言而死。

太祖闻而召佗[29],佗常在左右,太祖苦头风,每发,心乱目眩[30]。佗针鬲[31],随手而差。……

佗之绝技,凡此类也。然本作士人,以医见业[32],意常自悔。后太祖亲理,得病笃重,使佗专视[33]。佗曰:"此近难济,恒事攻治,可延岁月[34]。"佗久远家思归,因曰:"当得家书,方欲暂还耳[35]。"到家,辞以妻病,数乞期不反[36]。太祖累书呼,又敕郡县发遣[37]，佗恃能厌食事[38]，犹不上道。太祖大怒，使人往检：若妻信病，赐小豆四十斛，宽假限日[39]；若其虚诈，便收送之[40]。于是传付许狱，考验首服[41]。荀彧请曰[42]："佗术实工，人命所县，宜含宥之[43]。"太祖曰："不忧。天下当无此鼠辈耶？"遂考竟佗[44]。佗临死，出一卷书与狱吏，曰："此可以活人。"吏畏法不受，佗亦不强，索火烧之。佗死后，太祖头风未除。太祖曰："佗能愈此。小人养吾病，欲以自重[45]，然吾不杀此子，亦终当不为我断此根原耳。"及后爱子仓舒病困，太祖叹曰："吾悔杀华佗，令此儿强死也[46]。"

广陵吴普、彭城樊阿皆从佗学[47]。普依准佗治，多所全济。佗语普曰："人体欲得劳动，但不当使极尔[48]。动摇则谷气得消[49]，血脉流通，病不得生，譬犹户枢不朽是也[50]。是以古之仙者为导引之事[51]，熊颈鸱顾，引挽腰体[52]，动诸关节，以求难老。吾有一术，名五禽之戏[53]，一曰虎，二曰鹿，三曰熊，四曰猿，五曰鸟，亦以除疾，并利蹄足，以当导引[54]。体中不快，起作一禽之戏，沾濡汗出，因上著粉[55]，身体轻便，腹中欲食。"普施行之，年九十余，耳目聪明，齿牙完坚。阿善针术。凡医咸言背及胸藏之间不可妄针，针之不过四分，而阿针背入一二寸，巨阙胸藏针下五六寸[56]，而病辄皆瘳[57]。阿从佗求可服食益于人者，佗授以漆叶青黏散[58]。漆叶屑一升，青黏屑十四两，以是为率[59]，言久服去三虫，利五藏，轻体，使人头不白。阿从其言，寿百余岁。漆叶处所而有[60]，青黏生于丰、沛、彭城及朝歌云[61]。（魏书·方伎传）

**【注释】**

[1] 沛国：东汉分封的一个王国，治所在今安徽宿县西北。谯：沛国的县，在今安徽省亳县。敷："敷"的古字。

159

[2]　徐土：徐州地区。徐州，古九州之一，汉末治所在下邳（今江苏邳县东）。
[3]　沛相：沛国的相。太尉：汉朝掌管军事的最高长官。辟：征召任用。不就：不去就任。
[4]　方药：医方药物。
[5]　只用几种药物合成汤药。
[6]　心解：心里懂得。分：分量。剂：指各种药物配合的比例。
[7]　节度：服药的禁忌或注意事项。
[8]　（华佗）离开后，病就一定好了。
[9]　壮：一灸叫做一壮。应除：应手而除。
[10]　当引某许：（针刺感应）应当延伸到某处。许：处。语人：告诉人。
[11]　行：行将，这里是"很快"的意思。差：病愈。下文的"差"都是这一意义。
[12]　刳割：剖开割除。
[13]　麻沸散：华佗发明使用的一种中药麻醉剂，后失传。
[14]　湔（jiān）：洗涤。
[15]　膏摩：用药膏敷上。摩：涂抹。
[16]　寤：醒，这里指感觉到。
[17]　平复：指伤口愈合复原。
[18]　府吏：郡守府中的官吏。兒：通"倪"，姓。共止：指同时来就诊。
[19]　所苦：所患。
[20]　下：中医治病的四种方法（汗、吐、下、补）之一，即"泻"。
[21]　或：无定代词，有人，有的。难：提出疑问。
[22]　实：中医分析病症的八种基本类别（阴阳、表里、虚实、寒热）之一。"实"又分"表（外）实"和"里（内）实"。
[23]　广陵：汉代郡名，群治在今江苏扬州市。

[24] 烦懑:烦躁郁闷。
[25] 府君:对太守的尊称。内疽(jū):腹内的毒疮。
[26] 许:表约数。脍:切得很细的肉。
[27] 期(jī):周年。下面的"依期(qī)"则是按照预定的时间,期限。
[28] 济救:指救活。
[29] 太祖:指曹操。曹操死后,他的孙子曹叡定他的庙号为太祖。
[30] 眩(xuàn):眼睛昏花,看不清楚。
[31] 鬲:现在写作"膈",这里指膈俞穴。
[32] 见业:被看成职业。古代医生是所谓"方技"一类,被视为"贱业"。
[33] 亲理:亲自处理国事。笃:沉重。专视:指专门为曹操个人看病。
[34] 攻治:治理,这里指医疗。
[35] 当:适,刚才。方:正。
[36] 乞期:请求延长假期。
[37] 发遣:征发、遣送。
[38] 厌食事:厌恶吃侍候人的饭。事:侍奉,侍候人。
[39] 宽假:放宽。
[40] 收:逮捕。送:指押送。
[41] 传:递解。付:交给。许狱:许昌的监狱。公元196年以后,曹操将东汉的都城由洛阳迁到许昌(今河南许昌市)。考验:拷问、审究。首服:招供、服罪。
[42] 荀彧(yù):曹操的谋士。
[43] 县(xuán):同"悬"。含宥(yòu):包含,宽容。
[44] 考竟:《释名》:"狱死曰考竟。"
[45] 养:这里指对病有意拖延,不加根治。

[46] 强死:指活活地死,意思是死于非命。
[47] 彭城:今江苏徐州市附近。
[48] 劳动:活动,运动。极:疲惫。尔:句末语气词,而已,罢了。
[49] 动摇:运动。谷气:中医术语,又叫水谷之气,指饮食中的精气(养分)。
[50] 户枢:门户的转轴。
[51] 导引:现在叫"气功"。
[52] 熊颈:应作"熊经",模仿熊攀挂树枝的动作。经:悬挂。鸱顾:模仿鹞鹰回头顾盼的动作。顾:回头看。引挽:牵引,伸展。
[53] 五禽:五种动物。
[54] 利蹄足:使腿脚轻便利索。
[55] 因:于是。著粉:搽粉。
[56] 巨阙:穴位名,在脐上六寸。
[57] 瘳(chōu):病愈。
[58] 漆叶青黏散:补药。散:粉末状的成药。
[59] 率:比例。
[60] 处所:处处,到处。
[61] 丰:县名,在今江苏丰县。沛:县名,在今江苏沛县东。彭城:在今江苏铜山县城。朝歌:在今河南汤阴县西南。云:句末语气词,表示不确定的语气,有"据说如此"的意思。

## (二) 丹青引

### 赠曹将军霸[1]

杜 甫

**【阅读提示】** 曹霸这位唐代的名画家在正史中无传。张彦远的《历代名画记》中简单地记载了他的生平。而真正能让后世知道曹霸高超的绘画艺术的,是杜甫的《丹青引》。《丹青引》以简练的笔法为曹霸作了一个小传,对曹霸画马的非凡技艺,更是作了十分出色的渲染。以大手笔来写大画家,这首诗应是艺术史上的珍品。

将军魏武之子孙,于今为庶为清门[2]。英雄割据虽已矣,文采风流今尚存。学书初学卫夫人,但恨无过王右军[3]。丹青不知老将至,富贵于我如浮云[4]。开元之中常引见,承恩数上南薰殿[5]。凌烟功臣少颜色,将军下笔开生面[6]。良相头上进贤冠[7],猛将腰间大羽箭。褒公鄂公毛发动[8],英姿飒爽来酣战。先帝御马玉花骢,画工如山貌不同[9]。是日牵来赤墀下,迥立阊阖生长风[10]。诏谓将军拂绢素,意匠惨淡经营中[11]。斯须九重真龙出,一洗万古凡马空[12]!玉花却在御榻上,榻上庭前屹相向[13]。至尊含笑催赐金,圉人太仆皆惆怅[14]。弟子韩幹早入室,亦能画马穷殊相[15]。幹惟画肉不画骨[16],忍使骅骝气凋丧。将军善画盖有神,偶逢佳士亦写真[17]。即今漂泊干戈际,屡貌寻常行路人。途穷反遭俗眼白,世上未有如公贫。但看古来盛名下,终日坎壈缠其身[18]。

**【注释】**

[1] 丹青:画时所用红绿等颜料,故称画为丹青。引:一种诗歌体

裁。曹霸:唐代名画家。张彦远《历代名画记》:"曹霸,魏髦(曹操曾孙)之后,髦画称于后代,霸在开元中已得名,天宝每诏写御马及功臣,官至左武卫将军。"蔡梦弼《草堂诗笺》:"霸,玄宗末年得罪,削籍为庶人。"

[2] 魏武:魏武帝曹操。清门,寒门。

[3] 卫夫人,晋时人,乐铄,字茂猗,李矩之妻,王羲之尝师之。王右军,即王羲之。王羲之官右军将军。

[4] 《论语》:"其为人也,发愤忘食,乐以忘忧,不知老之将至。""不义而富且贵,于我如浮云。"

[5] 开元:玄宗年号。南熏殿:唐宫殿名,在南内兴庆宫中。

[6] 唐太宗贞观十七年(六四三)二月命阎立本图画功臣二十四人于凌烟阁,并自作赞文。阁在西内三清殿侧。少颜色,指旧画颜色黯淡。开生面:指重画新像,面目如生。

[7] 这两句概写所画二十四个功臣,上句文官,下句武将。进贤冠:文官戴的帽。

[8] 褒公:褒国公段志玄(第十人)。鄂公:鄂国公尉迟敬德(第七人)。二人皆猛将。

[9] 先帝:指玄宗,玄宗死于七六二年。玄宗所乘马有玉花骢、照夜白。貌不同:画不像。貌:作动词用。

[10] 赤墀:也叫丹墀,殿廷中的台阶。闾阖,天子宫门。

[11] 诏谓将军:皇帝让曹霸。意匠:犹构思。惨淡经营:犹苦心计划。

[12] 斯须:顷刻。九重,指皇宫。真龙:马高八尺曰龙,"真龙"指马画得逼真。

[13] 却在:反在。榻上:指画的马。庭前:指真的马。屹:屹然如山。

[14] 圉人:养马的人。太仆:掌马的官。惆怅:形容其难于分辨真马和画的马。

[15] 入室:《论语》:"由也升堂矣,未入于室也。"《历代名画记》:"韩幹,大梁人。善写貌人物,尤工鞍马。初师曹霸,后自独擅,遂为威信独步。"穷殊相:曲尽变态。
[16] 韩幹画马肥大,所以说"画肉"。
[17] 写真:为人物画像。
[18] 坎壈:困穷。

## （三）张骞传（节选）

《汉书》

**【作品简介】**《汉书》是我国第一部纪传体的断代史,记载了从汉高祖元年(公元前206年)到王莽地皇四年(公元23年)的历史,共十二纪,八表,十志,七十传,共一百篇。唐颜师古为之作注时析为一百二十卷。《汉书》的主要作者是班固。班固(32~92),字孟坚,扶风安陵(今陕西咸阳市东)人,东汉著名的史学家。曾任兰台令史,又任大将军窦宪的中护军。后窦宪谋反,事败自杀,班固受牵连死于狱中。他死时《汉书》尚有八表和天文志未完成,后由他妹妹班昭和马续先后续成。

**【阅读提示】** 张骞通西域,这是中西交通史上一个十分重要的事件,著名的"丝绸之路"从此打开。但人们在称颂张骞的功绩的时候,是否想到过张骞经历过的艰苦呢?他第一次出使时,"行时百余人,去十三岁,唯二人得还"。"凿空"的工作,是需要付出极大代价的。

张骞,汉中人也[1]。建元中为郎[2]。时匈奴降者言匈奴破月氏王[3],以其头为饮器,月氏遁而怨匈奴,无与共击之。汉方欲事灭胡,闻此言,欲通使,道必更匈奴中[4],乃募能使者。骞以郎应募,使月氏[5]。与堂邑氏奴甘父俱出陇西[6]。径匈奴[7],匈奴得之,传诣单于[8]。单于曰:"月氏在吾北[9],汉何以得往使?吾欲使越[10],汉肯听我乎?"留骞十余岁,予妻,有子,然骞持汉节不失[11]。

居匈奴西,骞因与其属亡向月氏[12],西走数十日,至大宛[13]。大宛闻汉之饶财,欲通不得,见骞,喜,问欲何之。骞曰："为汉使月氏,而为匈奴所闭道,今亡,唯王使人道送我[14]。诚得至,反汉[15],汉之赂遗王财物,不可胜言。"大宛以为然,遣骞,为发译道[16],抵康居[17]。康居传致大月氏[18]。大月氏王已为胡所杀,立其夫人为王[19]。既臣大夏而君之[20],地肥饶,少寇,志安乐[21],又自以远远汉[22],殊无报胡之心。骞从月氏至大夏,竟不能得月氏要领[23]。留岁余,还。并南山[24],欲从羌中归[25],复为匈奴所得。留岁余,单于死,国内乱[26],骞与胡妻及堂邑父俱亡归汉。拜骞太中大夫[27],堂邑父为奉使君[28]。

骞为人强力[29],宽大信人[30],蛮夷爱之。堂邑父,胡人,善射,穷急[31],射禽兽给食[32]。初[33],骞行时百余人,去十三岁[34],唯二人得还。

骞身所至者[35],大宛、大月氏、大夏、康居,而传闻其旁大国五六[36],具为天子言其地形所有[37]。语皆在《西域传》[38]。

……

骞以校尉从大将军击匈奴[39],知水草处,军得以不乏;乃封骞为博望侯。是岁,元朔六年也[40]。后二年,骞为卫尉[41],与李广俱出右北平击匈奴[42]。匈奴围李将军,军失亡多,而骞后期,当斩[43],赎为庶人[44]。是岁骠骑将军破匈奴西边[45],杀数万人,至祁连山[46]。其秋,浑邪王率众降汉[47],而金城、河西并南山至盐泽,空[48],无匈奴。匈奴时有候者到,而希矣[49]。后二年,汉击走单于于幕北[50]。

天子数问骞大夏之属。骞既失侯,因曰:"臣居匈奴中,闻乌孙王号昆莫[51]。昆莫父难兜靡本与大月氏俱在祁连、焞煌间[52],小国也。大月氏攻杀难兜靡,夺其地,人民亡走匈奴。子昆莫新生,傅父布就翎侯抱亡[53],置草中。为求食,还,见狼乳之,又乌衔肉翔其旁,以为神。遂持归匈奴,单于爱养之。及壮,以其父民众与昆莫,使将兵,数有功。时,月氏已为匈奴所破,西击塞王[54]。塞王南走远徙[55],月氏居其地。昆莫既健,自请单于报父怨,遂西攻破大月氏。大月氏复西走,徙大夏地。昆莫略其众,因留居,兵稍强。会单于死[56],不肯复朝事匈奴。匈奴遣兵击之,不胜,益以为神而远之。今单于新困于汉[57],而昆莫地空[58]。蛮夷恋故地,又贪汉物。诚以此时厚赂乌孙,招以东居故地,汉遣公主为夫人,结昆弟[59],其势宜听。则是断匈奴右臂也。既连乌孙,自其西大夏之属皆可招来而为外臣[60]。"天子以为然,拜骞为中郎将[61],将三百人,马各二匹,牛羊以万数,赍金币帛直数千钜万[62],多持节副使[63],道可,便遣之旁国[64]。骞既至乌孙,致赐谕指[65],未能得其决。语在《西域传》。骞即分遣副使使大宛、康居、月氏、大夏[66]。乌孙发译道送骞,与乌孙使数十人,马数十匹,报谢[67],因令窥汉[68],知其广大。

骞还,拜为大行[69]。岁余,骞卒。后岁余,其所遣副使通大夏之属者皆颇与其人俱来[70],于是西北国始通于汉矣。然骞凿空[71],诸后使往者皆称博望侯,以为质于外国[72],外国由是信之。其后,乌孙竟与汉结婚[73]。

【注释】

[1] 汉中:汉代郡名,郡治在南郑(今陕西汉中县)。
[2] 建元:汉武帝(刘彻)的第一个年号(公元前140~前135年)。郎:官名,负责宫廷侍卫,随从皇帝出行。
[3] 匈奴:我国古代北方的民族。月氏(zhī):我国古代西部的民族。原住敦煌、祁连山一带,汉文帝时被匈奴老上单于击败西走,到达今阿姆河流域建立王朝,称大月氏。
[4] 更:经过。
[5] 使月氏:张骞出使月氏是在建元三年(公元前138年)。

[6] 堂邑氏奴甘父:堂邑氏的奴仆名叫甘父的。堂邑氏:汉人,姓堂邑。陇西:汉代郡名。郡治在狄道(今甘肃临洮)。
[7] 径:途径。这里用作动词,"取道"的意思。
[8] 传(zhuàn):传车,传送公文的车马,这里是"用传车送"的意思。诣(yì):到。单于(chányú):匈奴对君主的称呼,这里指军臣单于(公元前160～前126年在位)。
[9] 按:月氏实际在匈奴西。
[10] 越:南越。秦末,真定(今河北正定县)人赵佗割据南海、桂林等地(包括今广东、广西等地),汉高祖十一年(公元前196年)受封为"南越王"。
[11] 汉节:汉朝给予使臣的一种出使凭证,用竹做竿,上面饰以羽或毛。
[12] 其属:指张骞出使时带领的人。亡:逃亡。
[13] 大宛(yuān):古西域国名,在大月氏东北。
[14] 唯:句首语气词,表示希望、祈求的意思。道:引导。后来写作"導",简化为"导"。
[15] 反:通"返"。
[16] 发:派遣。译道:翻译和向导。
[17] 康居:古代中亚国名,在今哈萨克和乌兹别克共和国境内。
[18] 致:送到。
[19] 立其夫人为王:《史记·大宛列传》作"立其太子为王"。
[20] 已经使大夏臣服而统治着它(大夏)。臣:名词用做使动,使……臣服。大夏:古西域国名,在大月氏南,今阿富汗境内。君:名词用作动词,做……的君主。之:指大夏。
[21] 寇:侵扰。志:志趣。
[22] 第一个"远"字,"远远地"的意思。第二个"远"字旧读(yuàn),"离开"的意思。
[23] 竟:最终。要领:问题的关键。这里指明确的表示。

[24] 并(bàng):通"傍",沿着。南山:指昆仑山。
[25] 羌中:我国古代西部羌族居住的地方,在今甘肃一带。
[26] 公元前126年,匈奴军臣单于死,其弟左谷蠡(lí)王伊稚斜(公元前126~前114年在位)攻败军臣单于太子于单,自立为单于。
[27] 太中大夫:郎中令的属官,主管议论政事。
[28] 堂邑父:即上面所说"堂邑奴甘父"。奉使君:堂邑父的官号。
[29] 强力:坚强而有毅力。
[30] 宽大:度量宽大。信人:对人有信用。
[31] 穷急:穷困,急迫。
[32] 给:供给。
[33] 初:当初。指张骞、堂邑父开始出发的时候。
[34] 离开汉十三年。即公元前138~前126年。
[35] 身:亲身。所至者:所到的地方。
[36] 而传闻其旁大国五六:并且听说了这些国邻近的五六个大国的情况。
[37] 具:全。所有:指物产。
[38] 张骞当时对汉武帝所说的话都记载在《汉书·西域传》(见《汉书》卷九十六)中。
[39] 校尉:武官名。大将军:最高武官名。这里指卫青,他是汉武帝时击败匈奴的主将之一。
[40] 元朔六年:公元前123年。元朔:汉武帝的年号。
[41] 卫尉:负责宫廷守卫的官,为九卿之一。
[42] 李广:汉代与匈奴作战的名将。公元前121年,李广带四千骑,张骞带一万骑异道出击匈奴。右北平:汉代郡名,郡治在平刚(今河北平泉县)。
[43] 后期:晚于约定的日期到达。当:判罪。

[44] 赎为庶人:根据汉朝的法律,犯死罪的可以用钱赎罪免死,有爵位的便因罪失去爵位。

[45] 骠骑将军:汉代的将军名号,位仅次于大将军,这里指霍去病。霍去病于公元前121年的春夏,两次攻打匈奴,他是汉武帝时击败匈奴的又一主将。

[46] 祁连山:在今甘肃省西部。

[47] 浑邪:是汉朝时匈奴西部的部落名,居住在今甘肃武威、张掖一带。

[48] 金城:汉代郡名,郡治在允吾(qiān yá,今甘肃皋兰县)。河西:指黄河以西今甘肃省西北部一带。后来汉武帝在这一带设武威、酒泉、张掖、敦煌四个郡。南山:指祁连山。盐泽:又名蒲昌海,即今新疆的罗布泊。

[49] 候:斥候,侦察的人。希:稀少。

[50] 幕北:即漠北。这里是指阴山以北的沙漠。幕:通"漠"。公元前119年,卫青、霍去病各带骑兵五万多,深入匈奴作战,匈奴大败,单于突围远遁,这是汉击败匈奴的一次决定性战役。

[51] 乌孙:我国古代的民族。开始居住在敦煌、祁连之间,后为匈奴所迫,迁移至今新疆伊犁河上游一带。

[52] 焞煌:即敦煌。汉代郡名,郡治在敦煌(今甘肃敦煌县)。按:敦煌郡是浑邪王降汉后才设的,这里是张骞事后的追述。

[53] 傅父:负责教育和奉养王子的人。布就翖(xī)侯:傅父的官号。"翖侯"是乌孙大臣的官号,"翖"同"翕"。"布就"是"翖侯"中职位的分别。

[54] 塞(sài):古族名,原居住在今伊犁河一带。

[55] 据《汉书·西域传》载,塞王南迁到了罽(jì)宾(古西域国名,在今阿富汗喀布尔河下游及克什米尔一带)。

[56] 单于:指老上单于。
[57] 单于:指伊稚斜单于。
[58] 昆莫地空:指乌孙故地没有匈奴的势力了。
[59] 昆弟:兄弟。
[60] 外臣:古代士大夫对别国君主的自称。这里指没有正式的君臣关系,但臣服于汉朝。
[61] 中郎将:官职名,位次于将军。
[62] 赍(jī):带。币帛:古人用来赠送的礼品,如玉、帛、马等。直:通"值"。钜万:等于说"万万",亿。
[63] 派许多持节副使。持节:拿着使节,表示有代表国家的权力。
[64] 《史记·大宛列传》作"道可使,使遣之他旁国。"大意是,如果道路可以通行,就派遣他的副使到附近的国家去。
[65] 谕:告知。指:同"旨",指汉武帝的旨意。
[66] 据《史记·大宛列传》,张骞的副使还到了安息、身毒(印度)等地。
[67] 报:报聘,派使臣回访他国。
[68] 因:乘机会。窥:察看,私下探视。
[69] 大行:即大行令,九卿之一,是负责掌管国内各族事务和接待外宾的长官。
[70] 其:前一"其"字指张骞。其人:指大夏等国的人。
[71] 凿空:指张骞开辟了通西域的道路。凿:凿开。空:孔道。
[72] 为质:取信。质:诚信。
[73] 结婚:通婚。元封年中,汉武帝以江都王刘建的女儿为公主,嫁给乌孙王昆莫。

## （四）法显传（节选）

《高僧传》

【作品简介】 《高僧传》是自汉至梁的僧人传记，记载自汉明帝永平十年(公元67年)至梁天监十八年(公元519年)之间的僧人，立传者257人，附见者239人。是佛教史的重要资料。作者为梁朝僧人慧皎。

【阅读提示】 法显越过葱岭到达印度，又从海路漂回中国，这在古代几乎是不可想像的历险。但求法的虔诚使他不顾艰险。在历史上，玄奘、鉴真都是这样虔诚的高僧，他们不仅对于佛教的传播，而且对中外文化的交流，都作出了巨大的贡献。

释法显[1]，姓龚，平阳武阳人[2]，有三兄，并髫龀而亡[3]，父恐祸及显，三岁便度为沙弥[4]。……及受大戒[5]，志行明敏，仪轨整肃[6]，常慨经律舛阙[7]，誓志寻求。

以晋隆安三年[8]，与同学慧景、道整、慧应、慧嵬等发自长安。西渡流沙，上无飞鸟，下无走兽，四顾茫茫，莫测所之。唯视日以准东西，望人骨以标行路耳。屡有热风恶鬼，遇之必死。显任缘委命，直过险难。有顷，至葱岭，岭冬夏积雪，有恶龙吐毒，风雨沙砾，山路艰危，壁立千仞。昔有人凿石通路，傍施梯道，凡度七百余所。又蹑悬絙过河[9]，数十余处，皆汉之张骞、甘英所不至也[10]。次度小雪山，遇寒风暴起，慧景噤战不能前，语显曰："吾其死矣，卿可前去，勿得俱殒。"言绝而卒，显抚之泣曰："本图不果，命也奈何。"复自力孤行，遂过山险。凡所经历三十余国。……

后至中天竺[11]，于摩竭提邑波连弗阿育王塔南天王寺[12]，得摩诃僧祇律,又得萨婆多律抄、杂阿毗昙心、綖经、方等泥洹经等[13]。显留三年,学梵语梵书,方躬自书写,于是持经像,寄附商客,到师子国[14]。显同旅十余,或留或亡,顾影唯己,常怀悲慨。忽于玉像前,见商人以晋地一白团绢扇供养,不觉悽然下泪。停二年,复得弥沙塞律、长杂二含及杂藏本,并汉土所无。

既而附商人舶,循海而还。舶有二百许人,值暴风水入,众皆惶懅[15],即取杂物弃之。显恐弃其经像,唯一心念观世音,及归命汉土众僧,舶任风而去,得无伤坏。经十余日,达耶婆提国[16],停五月,复随他商,东适广州。举帆二十余日,夜忽大风,合舶震惧,众咸议曰:"坐载此沙门,使我等狼狈,不可以一人故,令一众俱亡。"共欲推之,法显檀越厉声呵商人曰[17]:"汝若下此沙门,亦应下我,不尔,便当见杀。汉地帝王奉佛敬僧,我至彼告王,必当罪汝。"商人相视失色,儴佷而止[18]。既水尽粮竭,唯任风随流,忽至岸,见藜藿菜依然[19],知是汉地,但未测何方,即乘船入浦寻村[20]。见猎者二人,显问此是何地耶,猎人曰:"此是青州长广郡牢山南岸[21]。"猎人还,以告太守李嶷,嶷素敬信,忽闻沙门远至,躬自迎劳。显持经像随还。

顷之,欲南归,青州刺史请留过冬,显曰:"贫道投身于不反之地,志在弘通[22],所期未果,不得久停。"遂南造京师[23],就外国禅师佛驮跋陀,于道场寺译出摩诃僧祇律、方等泥洹经、杂阿毗昙心,垂百余万言[24]。

后至荆州[25],卒于辛寺,春秋八十有六,众咸恸惜。

━━━━━━━━━━━━━━━━━━━━━━━━━

【注释】

[1] 释:佛教徒以"释"为姓。
[2] 平阳:州名,治所在平阳(今陕西临汾西南)。武阳:县名。

[3] 髫(tiáo)齓(chèn):指童年。髫:见 34 页注[2]。齓:儿童换牙。
[4] 度:出家为僧。沙弥:初出家的男性佛教徒。
[5] 大戒:即具足戒。
[6] 仪轨:礼法规矩。
[7] 经律:佛教经典称"经",戒律称"律"。舛(chuǎn):差错。阙:通"缺"。
[8] 隆安:晋安帝年号。隆安三年为公元三九九年。
[9] 悬絙(gēng):悬在山谷之间的绳子。
[10] 张骞:见本单元(三)。甘英:汉武帝的使者,曾到达条支(今伊拉克境内)。
[11] 天竺:印度的古称。
[12] 摩竭提邑:佛教圣地,在今印度比哈尔邦南部。阿育王:古印度国王,奉佛教为国教。
[13] 均为佛经名。綖:音 yán。洹:音 huán。
[14] 师子国:今斯里兰卡。
[15] 惶懅(jù):害怕。
[16] 耶婆提:古国名,在今爪哇岛或苏门答腊岛。
[17] 檀越:施主。
[18] 僶俛:勉强。
[19] 藜:灰菜。藿:豆叶。
[20] 浦:小河流入大河或大海处。
[21] 青州:州名,东晋治所在东阳(今山东益都)。
[22] 弘通:意同"弘扬"。
[23] 京师:指东晋的都城建康(今南京)。
[24] 道场寺:寺名。
[25] 荆州:州名,东晋治所在江陵(今湖北江陵)。

175

# 第十二单元

> 这一单元的中心是中国古代史学的传统。中国古代史学有一个优良传统：直书，就是把历史的真实面貌忠实地加以记录，不虚美，不隐恶。后代史家奉为楷模的是晋董狐和齐太史。《文心雕龙·史传》批评了那种"吹霜煦露，寒暑笔端"的做法，《史通·直书》赞扬了那些"宁为兰摧玉折，不作瓦砾长存"，敢于直书的史学家。

## （一）晋董狐笔

*《左传》*

**【阅读提示】** 在古代"董狐笔"成了敢于直书其事的史家风范的代称。董狐记载了什么呢？他写下了"赵盾弑其君"，而且拿给执政大臣赵盾看。这件事的始末，我们可以从下文看到。原来，晋灵公是个暴君，而赵盾是一个受人爱戴的大臣，而且，晋灵公被杀时，赵盾正逃亡在外，似乎此事与他无关。那么，董狐这样写究竟应该不应该呢？

晋灵公不君[1]。厚敛以彫墙[2]。从台上弹人，而观其辟丸也[3]。宰夫胹熊蹯不孰[4]，杀之，寘诸畚[5]，使妇人载以过朝[6]。赵盾、士季见其手[7]，问其故而患之。将谏，士季曰："谏而不入，则莫之继也。会请先[8]，不入，则子继之。"三进及溜，而后视之[9]。曰："吾知所过矣，将改之。"稽首而对曰："人谁无过？过而能改，善莫大焉。《诗》曰：'靡不有初，鲜克有终[10]。'夫如是，则能补过者鲜矣。君能有终，则社稷之固也，岂惟群臣赖之。又曰：'衮职有阙，惟仲山甫补之[11]。'能补过也。君能补过，衮不废矣[12]。"犹不改。宣子骤谏[13]。公患之，使锄麑贼之[14]。晨往，寝门辟矣[15]。盛服将朝[16]，尚早，坐而假寐[17]。麑退，叹而言曰："不忘恭敬，民之主也。贼民之主，不忠；弃君之命，不信。有一于此，不如死也。"触槐而死。

秋九月，晋侯饮赵盾酒[18]，伏甲将攻之[19]。其右提弥明知之[20]，趋登曰[21]："臣侍君宴，过三爵，非礼也。"遂扶以下。公嗾夫獒焉[22]。明搏而杀之。盾曰："弃人用犬，虽猛何为！"斗且出[23]。提弥明死之[24]。

初，宣子田于首山[25]，舍于翳桑[26]。见灵辄饿[27]，问其病，曰："不食三日矣。"食之[28]，舍其半[29]。问之，曰："宦三年矣[30]，未知母之存否。今近焉，请以遗之。"使尽之，而为之箪食与肉[31]，寘诸橐以与之[32]。既而与为公介[33]，倒戟以御公徒[34]，而免之[35]。问何故，对曰："翳桑之饿人也。"问其名居[36]，不告而退。——遂自亡也[37]。

乙丑[38]，赵穿攻灵公于桃园[39]。宣子未出山而复[40]。大史书曰[41]："赵盾弑其君。"以示于朝。宣子曰："不然[42]。"对曰："子为正卿，亡不越竟[43]，反不讨贼[44]，非子而谁?"宣子曰："乌呼！'我之怀矣，自诒伊慼[45]'，其我之谓矣！"

孔子曰："董狐，古之良史也，书法不隐[46]。赵盾，古之良大夫也，为法受恶。惜也，越竟乃免[47]。"（宣公二年）

---

【注释】

[1] 晋灵公：名夷皋，是历史上有名的暴君。君，用如动词。不君，不行君道。
[2] 厚敛，加重赋税。彫：画，一本作雕。
[3] 弹人：用弹弓射人。辟(bì)：躲避，后来写作"避"。丸：弹丸。
[4] 宰夫：厨子。胹(ér)：燉。熊蹯(fán)：熊掌。孰：后来写作"熟"。
[5] 畚(běn)：草绳编成的筐子一类的器物。
[6] 载：用车装。过朝，经过朝廷。
[7] 赵盾：晋正卿（相当于首相），谥号宣子。士季：名会，晋大夫。其手：宰夫的手。
[8] 先：指先谏。
[9] 士会往前走了三次，一直到屋檐下，晋灵公才看他一眼。溜(liù)：通"霤"，房顶瓦垅滴水处，指屋檐下。

[10] 引自《诗经·大雅·荡》。大意是:没有谁没有一个好开始,但很少能坚持到底。靡:无。鲜(xiǎn):少。克:能。
[11] 引自《诗经·大雅·烝民》。大意是:周宣王有没尽职的地方,只有仲山甫来弥补。衮(gǔn):天子之服,这里指天子。职:职责。阙:通"缺",过失。仲山甫:周宣王的大臣。
[12] 衮:衮袍,也指君位。
[13] 骤:多次。
[14] 鉏麑(chúní):晋力士。贼:杀。
[15] 寝门:卧室的门。辟:开。
[16] 盛服:正其衣冠,也就是"穿戴整齐"的意思。
[17] 假寐(mèi):不脱衣冠睡觉。
[18] 晋侯赐给赵盾酒喝。饮(yìn):使……喝,也就是给……喝。
[19] 伏:埋伏。甲:甲士,穿铠甲的武士。
[20] 右,车右。见 96 页注[4]。
[21] 趋:快步走。登:指上堂去。
[22] 嗾(sǒu):唤狗的声音,用如动词,嗾使。獒(áo):猛犬。《尔雅》:"犬四尺为獒。"
[23] 一边打,一边出去。且:连词,一边……一边。
[24] 死之:为赵盾而死。
[25] 田:打猎,后来写作"畋"。首山:又名首阳山,在今山西永济县南。
[26] 舍:住一宿。翳桑:地名。
[27] 饿:因挨饿而病倒。
[28] 食(sì)之:给他东西吃。
[29] 灵辄留下食物的一半没吃。
[30] 宦(huàn):当贵族的仆隶。
[31] 并且给他预备一筐饭和肉。箪(dān):盛饭用的竹筐。食(sì):饭。

[32] 橐(tuó):口袋。以:连词。
[33] 既而:不久。与(yù):参加。介:甲,指甲士。
[34] 把兵器倒过头来挡住灵公手下的人。
[35] 免之:使赵盾免于难。
[36] 名:名字。居:住处。
[37] 亡:逃走,指赵盾逃亡。
[38] 宣公二年九月二十六日。
[39] 赵穿:赵盾的从佺。攻:当为"杀"字之误。桃园:灵公的园囿。
[40] 山:晋国国界处的山。复:回来。
[41] 大(tài)史:后来写成太史,官名,专管记载国家大事,这里是指晋太史董狐。书:写,指记事。
[42] 不是这样。然,代词。
[43] 竟:同"境"。
[44] 反:同"返"。讨:声讨。贼:大逆不道的人,这里指赵穿。
[45] 杜预说这两句是逸诗。可能是引自《诗经·邶风·雄雉》,今本《诗经》"伊戚"作"伊阻"。赵盾引这两句的意思是:由于我怀念晋国,反而自己找来了忧患。诒,通"贻",给。伊,指示代词,那个。
[46] 书法:记事的原则。隐:隐讳。
[47] 免:指免受"弑君"的恶名。因为越境则君臣之义绝,可以不讨贼。

## （二）齐太史简

### 《左传》

【阅读提示】 在后代，"齐太史简"和"晋董狐笔"往往被人并称。齐庄公也是个昏君，但他确实是被权臣崔杼杀死的。齐国的太史写了"崔杼弑其君"，因而被崔杼杀死，但别人又接着写。这种"直书"精神，无疑是应该赞扬的。

（崔杼弑齐庄公[1]。）晏子立于崔氏之门外[2]。其人曰[3]："死乎？"曰："独吾君也乎哉？吾死也[4]？"曰："行乎？"曰："吾罪也乎哉？吾亡也？"曰："归乎？"曰："君死安归？君民者，岂以陵民[5]？社稷是主[6]。臣君者，岂为其口实[7]？社稷是养。故君为社稷死则死之[8]，为社稷亡则亡之。若为己死而为己亡，非其私暱[9]，谁敢任之[10]？且人有君而弑之[11]，吾焉得死之而焉得亡之？将庸何归[12]？"门启而入，枕尸股而哭[13]。兴[14]，三踊而出[15]。人谓崔子必杀之。崔子曰："民之望也[16]，舍之得民[17]。"卢蒲癸奔晋，王何奔莒[18]。叔孙宣伯之在齐也[19]，叔孙还纳其女于灵公[20]。嬖[21]，生景公[22]。丁丑，崔杼立而相之[23]，庆封为左相[24]。盟国人于大宫[25]，曰："所不与崔庆者……[26]"晏子仰天叹曰："婴所不唯忠于君利社稷者是与，有如上帝[27]。"乃歃[28]。辛巳，公与大夫及莒子盟[29]。大史书曰："崔杼弑其君。"崔子杀之。其弟嗣书[30]，而死者二人[31]。其弟又书，乃舍之[32]。南史氏闻大史尽死[33]，执简以往[34]。闻既书矣，乃还。（襄公二十五年）

【注释】

[1] 崔杼:齐国的权臣。齐庄公:齐国的国君,名光。齐庄公和崔杼之妻淫乱,被崔杼杀死在家中。
[2] 晏子:名婴。春秋时齐国著名的政治家。
[3] 其人:晏子的下属。
[4] 难道只是我一人的君主吗?为什么我要为他而死?
[5] 陵民:凌驾于民之上。
[6] 社稷是主:"主"是动词,"社稷"是宾语。
[7] 口实:指俸禄。
[8] 死之:为之死。
[9] 私暱:亲信。
[10] 任:担当。之:指灾祸。
[11] 人:指崔杼。当时他是正卿。
[12] 庸何:哪里。"庸"义同"何","庸何"是同义词连用。
[13] 枕尸股:枕尸于股。把庄公的尸体枕在自己的大腿上。
[14] 兴:站起来。
[15] 踊:跳。
[16] 民之望:意谓民望所归。
[17] 舍之:不杀他。
[18] 卢蒲癸、王何:都是齐庄公的臣子。
[19] 叔孙宣伯:鲁大夫,名侨如。在齐:指宣伯曾出奔齐。
[20] 叔孙还:齐国的大夫。其女:宣伯之女。灵公:齐灵公。庄公之父。
[21] 嬖:受宠爱。
[22] 景公:名杵臼,庄公死后被崔杼立为齐国国君,即景公。
[23] 立而相之:立杵臼为君而自己做他的相。
[24] 庆封:齐国大夫。
[25] 盟国人:与国人盟誓。

[26] "所不与……者,有如上帝"是一种誓词,崔杼要群臣发誓,和崔杼、庆封站在一起。崔杼的话只说了半截,晏婴就抢着说下面的话。

[27] 晏婴把誓词改为发誓和忠君利社稷的人站在一起。"与"是动词,"忠于君利社稷者"是宾语。用"唯……是……"的格式把宾语提前。

[28] 歃(shà):歃血为盟。

[29] 公:指齐景公。大夫:齐国大夫。莒子:莒国国君,当时在齐。

[30] 嗣:接着。

[31] 死者二人:指太史及其弟。

[32] 舍之:不杀他。

[33] 南史氏:也是齐国的太史。

[34] 简:指写史用的竹简。

## （三）史传（节选）

《文心雕龙》

**【作品简介】**《文心雕龙》是我国古代文学理论和文学批评的一部最系统、最重要的著作。全书共五十篇，分上下编，上编头四篇论文学的性质、地位，其余论各种文体，下编讨论文学理论和文学批评的一些重要问题。作者刘勰(约 460—520)，字彦和，齐梁时人，原籍东莞莒(今山东莒县)，世居京口(今江苏镇江市)。入梁后任步兵校尉兼东宫通事舍人。

**【阅读提示】**《文心雕龙》是一部文学理论和文学批评的巨著，但它对史传的见解也很有价值。书中分析史书记载失实的原因很有见地。尤其值得注意的是，刘勰指出史家的责任重大，写史不能"任情失正"。他虽然赞同"为尊者讳，为贤者讳"，但认为惩戒奸慝必须秉笔直书，"农夫见莠，其必锄也"。这是坚持了史学的优良传统。

原夫载籍之作也，必贯乎百氏，被之千载[1]，表征盛衰，殷鉴兴废[2]，使一代之制，共日月而长存，王霸之迹，并天地而久大。是以在汉之初，史职为盛，郡国文计，先集太史之府[3]，欲其详悉于体国[4]，必阅石室，启金匮，抽裂帛，检残竹[5]，欲其博练于稽古也[6]。是以立义选言，宜依经以树则；劝戒与夺，必附圣以居宗[7]；然后诠评昭整，苟滥不作矣[8]。然纪传为式，编年缀事[9]，文非泛论，按实而书，岁远则同异难密，事积则起讫易疏[10]，斯固总会之为难也[11]。或有同归一事，而数人分功，两记则失于复重，偏举则病于不周，此又铨配之未易也[12]。张衡摘史班之舛滥，傅玄讥《后汉》之尤烦，皆此类也[13]。

若夫追述远代,代远多伪,公羊高云"传闻异辞",荀况称"录远略近[14]",盖文疑则阙,贵信史也[15]。然俗皆爱奇,莫顾实理。传闻而欲伟其事,录远而欲详其迹,于是弃同即异,穿凿旁说,旧史所无,我书则传,此讹滥之本源,而述远之巨蠹也[16]。至于记编同时,时同多诡[17],虽定哀微辞,而世情利害[18],勋荣之家,虽庸夫而尽饰;迍败之士,虽令德而常嗤[19],理欲吹霜煦露,寒暑笔端[20],此又同时之枉,可为叹息者也[21]。故述远则诬矫如彼,记近则回邪如此[22],析理居正,唯素心乎[23]!若乃尊贤隐讳,固尼父之圣旨[24],盖纤瑕不能玷瑾瑜也[25]。奸慝惩戒,实良史之直笔[26],农夫见莠,其必锄也[27]。若斯之科,亦万代一准焉[28]。至于寻繁领杂之术,务信弃奇之要,明白头讫之序,品酌事例之条[29],晓其大纲,则众理可贯[30]。然史之为任,乃弥纶一代[31],负海内之责,而赢是非之尤[32],秉笔荷担,莫此之劳[33]。迁固通矣,而历诋后世[34],若任情失正,文其殆哉[35]。

---

【注释】

[1] 百氏:即百代。被:覆盖。

[2] 表征:指用事实表现,足为征信之意。殷鉴:《诗·大雅·荡》:"殷鉴不远,在夏后之世"。此处指以前代作为后代借鉴。

[3] 《史记·自序》《集解》引如淳曰:"《汉仪注》:太史公,武帝置,位在丞相上。天下计书,先上太史公,副上丞相,序事如古《春秋》。迁死后,宣帝以其官为令,行太史公文书而已。"文计:文书、簿册。

[4] 体国:创建和治理国家。

[5] 《史记·自序》:"迁为太史令,紬史记石室金匮之书。"石室、金匮(guì):国家藏书之处。裂帛、残竹:指古代残缺文献。

[6]　博练:渊博练达。稽古:考察古事。
[7]　依经树则:以六经为准则。附圣居宗:以圣人作宗师。
[8]　诠评:衡量评论。昭整:明白一致。苛滥:苛刻和浮夸。
[9]　这是说纪传体史书中"纪"以编年,"传"以缀事。
[10]　岁远:年代久远。同异难密:指前后难免有异同。事积:事情很多。起讫易疏:指记事起讫容易有疏漏。
[11]　总会:综合汇总。
[12]　这几句是说同一件事,许多人参与,而纪传体要在各人的传中写,就会出现矛盾。铨配:衡量分配。
[13]　张衡:东汉人。曾"条上司马迁、班固所叙与典籍不合者十余事"。傅玄:晋人。他对《后汉》的批评已不可考。
[14]　公羊高:《公羊传》作者。《公羊传》隐公元年:"公子益师卒。何以不日？远也。所见异辞,所闻异辞,所传闻异辞。"录远略近:当作"详近略远"。《荀子·非相》:"传者久则论略,近则论详。略则举大,详则举小。"
[15]　文疑则阙:对有疑文的史事则缺而不记。阙:通"缺"。
[16]　蠹(dù):蛀虫。
[17]　两句是说:记载同时代的史实,正因为时代相同所以多有诡谲之词。
[18]　《公羊》定公元年:"定哀多微辞。主人习其读而问其传,则未知己之有罪焉尔。"注:"孔子畏时君,上以讳尊隆恩,下以辟世容身,慎之至也。"意思是孔子在写《春秋》时,对于鲁定公、鲁哀公时的事,也多用"微词"。世情利害:等于说"世态炎凉"。
[19]　迍(zhūn):困顿。
[20]　"理欲"二字为衍文。吹霜煦露:冷的(霜)吹,不冷的(露)煦。煦(xǔ),通"呴",嘘气使暖。
[21]　枉:枉曲。

[22] 回邪:邪恶,不正。
[23] 素心:指公心。《文心雕龙·养气》:"圣贤之素心。"
[24] 《公羊》闵公元年:"《春秋》为尊者讳,为亲者讳,为贤者讳。"尼父:孔子。
[25] 瑕,玉的斑点。瑾瑜,美玉。
[26] 慝(tè):邪恶。
[27] 莠(yǒu):狗尾草。
[28] 意思是说:对尊者贤者要有隐讳,但对奸邪要直书,这一法则,是万世不变的标准。科:科条,法则。
[29] 寻繁领杂:意谓披览繁杂,得其要领。务信弃奇:意谓追求真实,抛弃虚假。
[30] 意谓抓住了大纲,就能贯穿众理。
[31] 弥纶:指总括。《易·系辞上》:"故能弥纶天地之道。"疏:"弥谓弥缝被合,纶谓经纶牵引,能补合牵引天地之道,用此易道也。"
[32] 赢:担负。尤:责怪。
[33] 写文章没有比这(写史)更劳苦的。
[34] 迁:指司马迁。固:指班固。通:指学识渊博。历诋后世,谓遭后代指责。
[35] 任情失正:任凭自己的感情而有失公正。

# （三）直书（节选）

《史通》

【作品简介】 《史通》，唐刘知幾撰。刘知幾（公元661～721年），字子玄，武则天时任史官，后辞去史职，专心编撰《史通》。《史通》原书20卷，其中内编39篇，外编13篇。后来内编中有3篇亡佚，今存49篇。《史通》是我国第一部系统的史学评论著作，对唐以前的史学编纂做了总结，并从理论上和方法上阐述了史书编纂的体裁、体例、原则、方法。清人浦起龙有《史通通释》。

【阅读提示】 后人看历史，都希望看到历史的真实面貌。但历史家要忠实地写下历史的真实面貌却并不容易，有时要为此付出生命的代价。"或身膏斧钺，取笑当时；书填坑窖，无闻后代。"因为当权者并不愿意他们的秽迹为人所知。刘知幾提出历史家必须具备"才、学、识"，这一见解受到后世高度赞扬。看来，除了这三者以外，一个真正的史学家还必须有"胆"。

---

夫人禀五常[1]，士兼百行[2]，邪正有别，曲直不同。若邪曲者，人之所贱，而小人之道也；正直者，人之所贵，而君子之德也。然世多趋邪而弃正，不践君子之迹，而行由小人者，何哉？语曰："直如弦，死道边；曲如钩，反封侯[3]。"故宁顺从以保吉，不违忤以受害也[4]。况史之为务[5]，申以劝诫，树之风声[6]。其有贼臣逆子，淫君乱主，苟直书其事，不掩其瑕，则秽迹彰于一朝，恶名被于千载。言之若是，吁可畏乎！

夫为于可为之时则从，为于不可为之时则凶。如董狐之书法不隐，赵盾之为法受屈，彼我无忤[7]，行之不疑，然后能成其良直，擅名今古。至若齐史之书崔弑[8]，马迁之述汉非[9]，韦昭仗正于吴朝[10],崔浩犯讳于魏国[11],或身膏斧钺,取笑当时[12];或书填坑窖,无闻后代。夫世事如此,而责史臣不能申其强项之风,励其匪躬之节[13],盖亦难矣。是以张俨发愤,私存《嘿记》之文[14];孙盛不平,窃撰辽东之本[15]。以兹避祸,幸获两全。足以验世途之多隘,知实录之难遇耳。

然则历考前史,征诸直词,虽古人糟粕,真伪相乱,而披沙拣金,有时获宝。案金行在历,史氏尤多[16]。当宣、景开基之始[17],曹、马构纷之际[18],或列营渭曲,见屈武侯[19],或发仗云台,取伤成济[20]。陈寿、王隐咸杜口而无言[21],陆机、虞预各栖毫而靡述[22]。至习凿齿,乃申以死葛走达之说,抽戈犯跸之言[23]。历代厚诬,一朝如雪。考斯人之书事,盖近古之遗直欤[24]?次有宋孝王《风俗传》、王劭《齐志》[25],其叙述当时,亦务在审实。案于时河朔王公,箕裘未陨[26];邺城将相,薪构仍存[27]。而二子书其所讳,曾无惮色[28]。刚亦不吐,其斯人欤[29]?

盖烈士徇名,壮夫重气,宁为兰摧玉折[30],不作瓦砾长存。若南、董之仗气直书,不避强御[31];韦、崔之肆情奋笔,无所阿容[32]。虽周身之防有所不足[33],而遗芳余烈,人到于今称之。与夫王沈《魏书》,假回邪以窃位[34],董统《燕史》,持诡媚以偷荣[35],贯三光而洞九泉,曾未足喻其高下也[36]。

※※※※※※※※※※※※※※※※※※※※※※※※

【注释】

[1] 禀:禀赋,指天生就具有。五常:仁、义、礼、智、信。
[2] 百行:各种品行。
[3] 东汉顺帝刘保时,大将军梁冀专擅朝政,陷害忠良,任用逸佞。洛阳童谣:"直如弦,死道边,曲如钩,反封侯。"(见《后汉书·五行志》)

[4] 两语出自《文选》祢衡《鹦鹉赋》:"宁顺从以远害,不违迕以丧生。"保吉,维护自身的安全。
[5] 意谓写史之要务。
[6] 树之风声:树立美好的风气教化。语出《左传》文公六年。
[7] 事见本单元(一)。彼我无忤:指董狐和赵盾不为写史而冲突。
[8] 事见本单元(二)。
[9] 指司马迁在《史记》中记载汉高祖和汉武帝的一些实事。
[10] 韦昭:三国吴人,撰《吴史》。吴孙皓欲为父孙和作纪,韦昭不从。
[11] 崔浩:北魏人。奉命续撰《国书》三十卷,直书北魏皇帝祖先鲜卑拓跋部之史实。
[12] 身膏斧钺:指被诛杀。膏:油脂,用作动词。韦昭和崔浩后来都被杀。取笑当时:意即"取笑于当时"。下句"无闻后代"同。
[13] 强项:脖子不肯弯曲。见《后汉书·董宣传》。匪躬:忠心耿耿,不顾自身。见《周易·蹇卦》。
[14] 张俨著《嘿记》三卷,《隋书·经籍志》著录,今佚。
[15] 孙盛,东晋人,著《晋阳秋》32卷,今佚。
[16] 金行:指晋朝。史氏:史家。
[17] 宣:宣王司马懿。景:景王司马师。开基,开创帝王基业。司马懿和司马师奠定了晋的基业。
[18] 指魏(曹氏政权)被晋(司马氏政权)所逐渐取代的时期。
[19] 渭曲:渭水边。武侯:诸葛亮。诸葛亮北伐,军次武功五丈原,和司马懿对阵于渭水南。不久,亮病故。蜀军退走,司马懿追赶。蜀军"反旗鸣鼓,若将向宣王者。宣王乃退,不敢逼。……百姓为之谚曰:死诸葛走(吓跑)生仲达(懿字)。"(《三国志·蜀志·诸葛亮传》裴注引《汉晋春秋》)

[20] 发仗:指发兵。仗:兵仗,武器。云台:陵云台,武器库名。魏的末代皇帝曹髦大权旁落,不胜其忿,自己领兵从陵云台出发讨伐司马氏,结果被忠于司马氏的成济用刀刺死(《世说新语·方正》刘注引《汉晋春秋》)。

[21] 陈寿、王隐:晋代的历史家。陈寿著《三国志》。王隐著《晋书》,今佚。杜口:闭口。

[22] 陆机、虞预:晋代的历史家。陆机著《晋纪》四卷,虞预著《晋书》四十余卷。栖毫:停笔。靡述:没有记述。

[23] 习凿齿:晋代的历史家,撰《汉晋春秋》。犯跸,刺杀帝王。

[24] 古之遗直:意谓古人正直,今人能保持正直之风的称"古之遗直"。语见《左传》昭公十四年:"仲尼曰:叔向,古之遗直也。"

[25] 宋孝王《风俗传》、王劭《齐志》:今佚。

[26] 河朔:指北魏。箕裘:意谓家业。语出《礼记·学记》:"良冶(冶炼工匠)之子,必学为裘。良工之子,必学为箕。"陨:破落,衰败。

[27] 邺城:北齐首都,这里用来代表北齐。薪构:指子孙。语出《左传》昭公七年:"其父析薪(砍柴),其子弗克负荷"。又《尚书·大诰》:"若考作室,既底法(已经确定营选法式),厥子弗肯堂(其子却不奠定地基),矧肯构(何况盖房子)?"

[28] 曾无:毫无。

[29] 刚亦不吐:指不畏强暴。语出《诗·大雅·烝民》:"柔亦不茹,刚亦不吐。"

[30] 语出《世说新语·言语篇》:"毛伯成既负其才气,常称宁为兰摧玉折,不作萧敷艾荣。"

[31] 南、董:南史氏、董狐。强御,强暴势力。

[32] 韦、崔:韦昭、崔浩。阿容,阿谀取容。

[33] 周身:保全自己。

[34] 王沈《魏书》:《史通·古今正史篇》提及。回:邪,奸邪。
[35] 董统《燕史》:《史通·古今正史篇》提及。
[36] 高者贯三光,下者洞九泉。意谓有天地之别。三光:日、月、星。洞:深入。

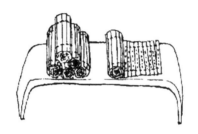

# 第十三单元

"天人关系"是中国古代哲学的一个重要问题。究竟是"天人合一"对？还是"天人相分"对？这个问题不能简单地回答。在本单元所选的文章中，子产、荀子、王充、柳宗元都反对把人事和"天"联系，而主张"天"和人无关。那么是不是"天人合一"就错了？请大家读了本单元的选文再来讨论。

# （一）子产论天道

*《左传》*

**【阅读提示】** 地上的火灾和天上的星象有没有关系？有两种不同的看法。一种认为星象预示火灾，而且可以用祭祀来解除这种火灾。这实际上就是"天人感应"说。火灾的预言果然应验了，但子产仍然不相信他们的话，他也不肯进行祭祀。结果证明子产对了。子产用来反对"天人感应"说的是"偶然论"，认为预言的应验是多言而或中，从根本上说，"天道远，人道迩"，两者互不相干。请想一想：子产的看法对不对？

十七年冬，有星孛于大辰西，及汉[1]。申须曰[2]："彗所以除旧布新也[3]。天事恒象[4]。今除于火，火出必布焉[5]。诸侯其有火灾乎？"梓慎曰[6]："……火出于夏为三月，于商为四月，于周为五月[7]。……若火出，其四国当之，在宋、卫、陈、郑乎？……"裨灶言于子产曰："宋、卫、陈、郑将同日火。若我用瓘斝玉瓒[8]，郑必不火。"子产弗与[9]。

十八年夏五月，火始昏见[10]。丙子[11]，风。梓慎曰："是谓融风[12]，火之始也。七日其火作乎？"戊寅[13]，风甚。壬午[14]，大甚。宋、卫、陈、郑皆火。……裨灶曰："不用吾言，郑又将火。"郑人请用之，子产不可。子大叔曰[15]："宝以保民也。若有火，国几亡，可以救亡，子何爱焉[16]？"子产曰："天道远，人道迩[17]，非所及也[18]，何以知之？灶焉知天道？是亦多言矣，岂不或信[19]！"遂不与，亦不复火。（昭公十八年）

【注释】

[1] 彗星出现在大辰西面,它的光芒射到银河。孛(bèi):彗星的光芒四射。大辰:二十八宿中的房、心、尾三宿,周历十月时,黄昏时出现在西方。汉:银河。

[2] 申须:鲁国大夫。

[3] 彗:彗星俗称扫帚星,故云。

[4] 天道总是用"象"显示出来。恒:常常,总是。象:物象。古人认为彗星出现预示着将有灾难。

[5] 火:即心宿。心宿从周历十月开始,在夜晚逐渐看不见了,要到周历五月时才在夜晚出现。申须认为彗星预示的灾难将随"火"(心宿)而潜伏,到次年五月随着"火"(心宿)的出现而散布开来。

[6] 梓慎:鲁大夫。

[7] 夏、商、周三代历法不同,夏历三月就是商历四月,周历五月。

[8] 瓘(guàn):玉名。斚(jiǎ):酒器。这里指玉斚。玉瓒(zàn):玉的勺。

[9] 子产:见131页注[1]。

[10] 火(心宿)黄昏时开始出现。

[11] 丙子:五月八日。

[12] 融风:东北风。

[13] 戊寅:五月十日。

[14] 壬午:五月十四日。

[15] 子大叔:郑国大夫。

[16] 爱:吝惜,舍不得。

[17] 迩:近。

[18] 非所及也:不是人能了解的。

[19] 意思是说:神灶不过是多次的预言罢了,难免有一次被他说中。或:有时。

## （二）天论（节选）

《荀子》

**【作品简介】** 荀况(约公元前313～公元前238年)，战国末期赵国人。曾到楚国任兰陵(今山东枣庄市)令，晚年居兰陵从事著述，被人尊称为荀卿。是我国古代重要的思想家。《荀子》为荀况所作，现存三十二篇，是荀子后学编集而成的。唐代杨倞为《荀子》作注，清人王先谦有《荀子集解》。

**【阅读提示】** 远古时期的人类，抗御自然灾害的能力非常低下，所以，对大自然有一种畏惧心理，认为人间的灾祸是"天"的惩罚。随着人类的发展，人们逐渐认识到，"天"是没有意志的自然之物，"天"的运行有自己的规律，与人事无关。人不必怕天，也不用求天，而要把人的事情做好。这就是荀子"天人之分"的思想。这是人类认识的一个飞跃。荀子还提出了"制天命而用之"的思想，这更反映了人类在改造自然方面取得的进展。

天行有常，不为尧存，不为桀亡[1]。应之以治则吉，应之以乱则凶。彊本而节用，则天不能贫[2]；养备而动时，则天不能病[3]；修道而不贰[4]，则天不能祸。故水旱不能使之饥渴[5]，寒暑不能使之疾，祅怪不能使之凶[6]。本荒而用侈，则天不能使之富；养略而动罕，则天不能使之全；倍道而妄行，则天不能使之吉[7]。故水旱未至而饥，寒暑未薄而疾[8]，祅怪未至而凶。受时与治世同，而殃祸与治世异，不可以怨天，其道然也。故明于天人之分，则可谓至人矣[9]。……

治乱，天邪？曰：日月星辰瑞历，是禹、桀之所同也[10]；禹以治，桀以乱[11]，治乱非天也。时邪？曰：繁启蕃长于春夏，畜积收藏于秋冬[12],是又禹、桀之所同也;禹以治,桀以乱,治乱非时也。地邪?曰:得地则生,失地则死,是又禹、桀之所同也;禹以治,桀以乱,治乱非地也。……

星队木鸣,国人皆恐[13]。曰:是何也?曰:无何也。是天地之变,阴阳之化,物之罕至者也。怪之可也,而畏之非也。夫日月之有蚀,风雨之不时,怪星之党见[14],是无世而不常有之。上明而政平,则是虽竝世起[15],无伤也。上闇而政险[16],则是虽无一至者,无益也。夫星之队,木之鸣,是天地之变,阴阳之化,物之罕至者也。怪之可也,而畏之非也。……

雩而雨[17],何也?曰:无何也,犹不雩而雨也。日月食而救之,天旱而雩,卜筮然后决大事[18],非以为得求也,以文之也[19]。故君子以为文,而百姓以为神[20]。以为文则吉,以为神则凶也。

在天者莫明于日月[21],在地者莫明于水火,在物者莫明于珠玉,在人者莫明于礼义。故日月不高,则光辉不赫[22];水火不积,则晖润不博[23];珠玉不睹乎外[24],则王公不以为宝;礼义不加于国家,则功名不白[25]。故人之命在天,国之命在礼[26]。君人者,隆礼尊贤而王,重法爱民而霸[27],好利多诈而危,权谋倾覆幽险而尽亡矣[28]。

大天而思之,孰与物畜而制之[29]?从天而颂之,孰与制天命而用之[30]?望时而待之,孰与应时而使之[31]?因物而多之,孰与骋能而化之[32]?思物而物之,孰与理物而勿失之也[33]?愿于物之所以生,孰与有物之所以成[34]?故错人而思天,则失万物之情[35]。……

【注释】

[1] 天行:指大自然的运行变化。常:常规。

[2] 彊:后来写作"强",加强。本:指农业生产。贫:用作使动,使人贫的意思。下句"天不能病"的"病"也是使动用法。
[3] 养:给养,指衣食等生活资料。备:完备,充足。动时:动以时,即按时活动,指生产的行动适应天时的变化。
[4] 修:据王念孙考证,应是"循"之误。循:遵循。贰:应是"貣"(tè)之误。"貣"同"忒",差错。
[5] 据清人刘台拱考订,"渴"字是衍文。"饥"应作"饑"。
[6] 祅怪:指自然灾异等反常现象。祅:也作"妖"。
[7] 倍:通"背",违背。
[8] 薄(bó):迫近。
[9] 天人之分(fèn):天和人的职分。天的职分指水旱寒暑等,人的职分指"彊本而节用"等。至人:最高的人,即圣人。
[10] 星辰:星的总称。瑞历:指历象,即天体运行的现象。是:此。这里复指"日月星辰瑞历",在句中作主语。
[11] 以:介词,凭借的意思。两个"以"字后都省略了宾语"之",指这样的自然条件。
[12] 畜:通"蓄"。臧:通"藏"。
[13] 星队(zhuì):指流星坠落地上。队:"坠"的本字。木鸣:疑指树木因干燥爆裂作响。国人:国都里的人。
[14] 蚀:亏缺。即今通称的"日食""月食"。不时:指刮风下雨不合时节。党(tǎng)见(xiàn):偶然出现。党:通"倘",副词,或许。这里是偶然的意思。
[15] 上:指在上位者,即统治者。平:清平,安定。是:此,指代"日月有蚀,风雨不时,怪星党见"。竝:同"并"。
[16] 闇:昏暗。
[17] 雩(yú):求雨。
[18] 卜筮(shì):古代占卜,用龟甲或兽骨称卜,用蓍(shī)草称筮。

[19] 得求:得到所祈求的东西。"求"用作名词。以文之:指用这种迷信活动为政事作装饰。文(旧读wèn):文饰,修饰。
[20] 意思是说:君子知道这不过是政事的文饰,但百姓却以为这很灵验。
[21] 莫:否定性无定代词,没有什么东西。
[22] 赫:盛大,显著。
[23] 积:积聚。晖:指火的光辉。润:指水的润泽。博:广大。
[24] 睹:王念孙认为当是"睹(dǔ)"之误。睹:著,显出。
[25] 白:指显赫。
[26] 意思是,人的生命受之于自然,国家的命脉决定于礼制。
[27] 君:这里用作动词,统治的意思。隆礼:推崇礼制。隆:高,指推崇。
[28] 权谋:指用权术。倾覆:颠覆。幽险:即阴险。"尽"字是衍文。
[29] 大天:认为天伟大。孰与:何如,表示反问。常用来比较两件事情的利弊,有"哪里比得上……呢"的意思。物畜:像物一样蓄养起来。"物"在这里是名词用作状语。
[30] 从:顺从,听从。颂:颂扬,赞美。天命:指自然的变化规律。
[31] 望时:盼望天时。应:适应。使:役使。
[32] 因:依,顺着。多之:使它增多。骋能:指施展人的才能。化之:使它变化。
[33] 这句的大意是,与其思慕万物而使它成为能供自己使用的物,哪里比得上管理好万物而不失掉它呢?物之:使它成为物。
[34] 所以:义同"所由"。有:占有,指掌握。这句大意是,与其寄希望于万物所由生长的天,哪里比得上掌握万物所以成长的规律呢?
[35] 错:通"措",置,舍弃。情:实情,指本性。

## （三）感虚（节选）

《论衡》

**【作品简介】** 王充(27～?)，字仲任，会稽上虞(今浙江上虞)人。生于公元27年，卒于汉和帝永元年间(公元85～106年)。曾做过几任州郡的属官。是我国古代著名的唯物主义思想家。著《论衡》一书，现存八十五篇(其中《招致》一篇文缺)。近人的校注有刘盼遂《论衡集解》，黄晖《论衡校释》。

**【阅读提示】** 王充也反对"天人感应"。他认为汤祷于上帝因而雨至的说法不可信，理由是：一、尧和孔子等圣人都不祈祷。二、从人们的日常生活经验看，汤的祈祷，天听不见。他认为汤祈祷时适逢雨至。这和《荀子·天论》"犹不雩而雨"的说法一样。古人能够这样认识已经是很可贵的了，我们不应苛求于古人。

传书言[1]：汤遭七年旱，以身祷于桑林[2]，自责以六过[3]，天乃雨。或言五年[4]。祷辞曰："余一人有罪，无及万夫。万夫有罪，在余一人。天以一人之不敏[5]，使上帝鬼神伤民之命。"于是剪其发，䍿其手[6]，自以为牲，用祈福于上帝。上帝甚说[7]，时雨乃至。言汤以身祷于桑林自责。若言剪发䍿手，自以为牲，用祈福于帝者，实也。言雨至，为汤自责以身祷之故，殆虚言也。孔子疾病[8]，子路请祷。孔子曰："有诸[9]？"子路曰："有之。诔曰：'祷尔于上下神祇[10]。'"孔子曰："丘之祷久矣。"圣人修身正行，素祷之日久，天地鬼神知其无罪，故曰祷久矣。《易》曰："大人与天地合其德，与日月合其明，与四时合其叙，与鬼神合其吉凶[11]。"此言圣人与天地、鬼神同德行也。即须祷以得福[12]，是不同也。汤与孔子俱圣人也，皆素祷之日久。孔子不使子路祷以治病,汤何能以祷得雨?孔子素祷,身犹疾病。汤亦素祷,岁犹大旱。然则天地之有水旱,犹人之有疾病也。疾病不可以自责除,水旱不可以祷谢去,明矣。汤之致旱,以过乎[13]?是不与天地同德也。今不以过致旱乎?自责祷谢,亦无益也。人形长七尺,形中有五常[14],有瘅热之病[15],深自剋责,犹不能愈,况以广大之天,自有水旱之变,汤用七尺之形,形中之诚,自责祷谢,安能得雨邪?人在层台之上,人从层台下叩头,求请台上之物。台上之人闻其言,则怜而与之;如不闻其言,虽至诚区区,终无得也。夫天去人,非徒层台之高也,汤虽自责,天安能闻知而与之雨乎?夫旱,火变也;湛,水异也[16]。尧遭洪水,可谓湛矣。尧不自责以身祷祈,必舜、禹治之,知水变必须治也。除湛不以祷祈,除旱亦宜如之。由此言之,汤之祷祈不能得雨。或时旱久,时当自雨;汤以旱久,亦适自责。世人见雨之下,随汤自责而至,则谓汤以祷祈得雨矣。

【注释】

[1] 传书:古书。汤祷之事见于《荀子》、《尚书·大传》、《说苑》等书。
[2] 桑林:地名。
[3] 六过:据《荀子·大略》,为"政不节,使民疾、宫室荣、女谒盛、苞苴行、谗夫兴"。
[4] 此四字当删。
[5] 天:当作"无"。
[6] 丽其手:把双手缚在一起。丽:附丽。
[7] 说:同"悦"。
[8] 疾:生病。病:病得很厉害。这件事见于《论语·述而》。

［9］ 诸:之乎。
［10］ 谏:书名。神祇(qí):神灵。
［11］ 见于《易·乾·文言》。
［12］ 即:如果。
［13］ 以过乎:是因为过错吗?
［14］ 五常:指金、木、水、火、土五行。
［15］ 瘅(dàn)热:湿热。
［16］ 湛(yín):同"霪",久雨。《论衡·明雩》:"变复之家,以久雨为湛,久旱为旸。"

## （四）天说

柳宗元

**【阅读提示】** 这是柳宗元记录下来的一段韩愈和他自己的对话。柳宗元的思想和上面三篇选文中的思想一脉相承。韩愈的话不是在谈天人关系，而且显然是愤激之辞。但是，在自然遭到人类过度破坏的今天，我们可不可以说，"人之坏元气阴阳也亦滋甚"，这样发展下去，人将是天地之仇呢？不错，认识到"天人之分"是人类的自觉。但还必须认识到：人类毕竟是自然的一部分。只有认识到人与自然既有区别也有统一的关系，那才是高度的自觉。（《文化与哲学》）

韩愈谓柳子曰："若知天之说乎？吾为子言天之说。今夫人有疾痛、倦辱、饥寒甚者，因仰而呼天曰：'残民者昌，佑民者殃！'又仰而呼天曰：'何为使至此极戾也[1]？'若是者，举不能知天。夫果蓏、饮食既坏[2]，虫生之；人之血气败逆壅底[3]，为痈疡、疣赘、瘘痔[4]，虫生之；木朽而蝎中，草腐而萤飞[5]，是岂不以坏而后出耶？物坏，虫由之生；元气阴阳之坏，人由之生。虫之生而物益坏，食啮之，攻穴之，虫之祸物也滋甚。其有能去之者，有功于物者也；繁而息之者，物之雠也。人之坏元气阴阳也亦滋甚：垦原田，伐山林，凿泉以井饮，窾墓以送死[6]，而又穴为偃溲[7]，筑为墙垣、城郭、台榭、观游，疏为川渎、沟洫、陂池，燧木以燔[8]，革金以镕[9]，陶甄琢磨[10]，悴然使天地万物不得其情[11]，倖倖冲冲[12]，攻残败挠而未尝息[13]。其为祸元气阴阳也，不甚于虫之所为乎？吾意有能残斯人使日薄岁削，祸元气阴阳者滋少，是则有功于天地者也；繁而息之者，天地之雠也。

今夫人举不能知天,故为是呼且怨也。吾意天闻其呼且怨,则有功者受赏必大矣,其祸焉者受罚亦大矣。子以吾言为何如?"

柳子曰:"子诚有激而为是耶[14]?则信辩且美矣。吾能终其说。彼上而玄者,世谓之天;下而黄者,世谓之地;浑然而中处者,世谓之元气;寒而暑者,世谓之阴阳。是虽大,无异果蓏、痈痔、草木也。假而有能去其攻穴者,是物也,其能有报乎?繁而息之者,其能有怨乎?天地,大果蓏也;元气,大痈痔也;阴阳,大草木也,其乌能赏功而罚祸乎?功者自功,祸者自祸,欲望其赏罚者大谬;呼而怨,欲望其哀且仁者,愈大谬矣。子而信子之仁义以游其内,生而死尔[15],乌置存亡得丧于果蓏、痈痔、草木耶[16]?"

【注释】

[1] 戾:乖戾,指是非颠倒。
[2] 果蓏(luǒ):瓜果。
[3] 壅底:堵塞不通。底:滞。
[4] 痈疡:恶性脓疮。疣赘:瘤子。瘘:颈肿。痔:痔疮。
[5] 蝎(hé):蛀虫。
[6] 窾(kuǎn):掏空。
[7] 穴:用作动词,挖洞。偃溲:厕所。
[8] 燧:钻木取火。燔:烧。
[9] 革:改变。
[10] 陶甄(zhēn):制作陶器;琢磨:打磨玉石。
[11] 悴然:衰败貌。
[12] 倖倖:通"悻悻",刚愎自用之貌。冲冲:行无趋向之貌。
[13] 攻残败挠:都是"破坏"的意思。
[14] 激:愤激。

〔15〕 意思是:听其自然,以你的仁义之道游于天地之间,过完一生。
〔16〕 为什么要把存亡得失归之于天地、元气、阴阳呢?乌:疑问词。

# 第十四单元

> 人性的善恶,是中国古代哲学讨论的一个重要问题。在这个问题上有好几派,但最主要的有两派:孟子主张"性善",荀子主张"性恶",两家截然对立。他们各有各的论据,对于世界上既有好人也有坏人的复杂现象也各有自己的解释。法家韩非没直接就这个问题发表意见,但他认为,人的道德的高下与经济状况有关。本单元选的就是他们有代表性的论述。

# （一）性善

《孟子》

**【作品简介】** 孟轲,战国时邹(今山东邹县)人,约生于公元前372年,死于公元前289年。是孔子之后儒家学派最重要的代表,主张"性善",提倡"仁政"、"王道",对后世影响很大。《孟子》七篇,各分上下,是孟子的弟子所编集的。朱熹把《孟子》列为"四书"之一。今人杨伯峻有《孟子译注》。

**【阅读提示】** 孟子主张"性善",他的论据是:看到一个小孩子要掉到井里,人人都会有恻隐之心。那么为什么会有恶人?孟子认为是丧失了善良的本性。因此,人的道德修养,就是要保持善的本性,使之不至于丧失。中国古代思想家谈论哲学问题,大多是和伦理、教化等问题联系在一起的。这对于中国学术文化的发展是有利还是不利呢?

　　孟子曰:人皆有不忍人之心[1]。先王有不忍人之心,斯有不忍人之政矣。以不忍人之心,行不忍人之政,治天下可运之掌上[2]。所以谓人皆有不忍人之心者,今人乍见孺子将入于井[3],皆有怵惕恻隐之心[4]。非所以内交于孺子之父母也[5],非所以要誉于乡党朋友也[6],非恶其声而然也[7]。由是观之,无恻隐之心,非人也;无羞恶之心、非人也;无辞让之心,非人也;无是非之心,非人也。恻隐之心,仁之端也[8];羞恶之心,义之端也;辞让之心,礼之端也;是非之心,智之端也。人之有是四端也,犹其有四体也[9]。有是四端,而自谓不能者,自贼者也[10]。谓其君不能者,贼其君者也。凡有四端于我者,知皆扩而充之矣,若火之始然[11],泉之始达。苟能充之,足以保四海;

苟不充之,不足以事父母。

……

孟子曰:牛山之木尝美矣,以其郊于大国也,斧斤伐之[12],可以为美乎?是其日夜之所息[13],雨露之所润,非无萌蘖之生焉[14],牛羊又从而牧之,是以若彼濯濯也[15]。人见其濯濯也,以为未尝有材焉,此岂山之性也哉?虽存乎人者,岂无仁义之心哉?其所以放其良心者[16],亦犹斧斤之于木也,旦旦而伐之,可以为美乎?(告子上)

【注释】

[1] 不忍人:不忍心伤害人。
[2] 运之掌:转丸于掌上,言其轻而易举。
[3] 乍:突然。孺子:小孩子。
[4] 怵(chù)惕:惊惧。恻隐:因同情而伤痛。
[5] 内(nà)交:结交。
[6] 要(yāo)誉:求得声誉。
[7] 恶其声:觉得小孩的哭声刺耳。
[8] 端:开端,起点。
[9] 四体:四肢。
[10] 贼:害。
[11] 然:后来写作"燃"。
[12] 斤:一种斧子。
[13] 息:生长。
[14] 萌蘖:树木被砍伐后又生出来的新枝。
[15] 濯濯:光秃秃的样子。
[16] 放:收不回来。良心:天生的善性。

## （二）性恶（节选）

《荀子》

**【阅读提示】** 荀子激烈地反对孟子的"性善"说，他主张"性恶"。他认为：人的本性就是好逸恶劳，就是相互争夺。他争辩说：如果人性都是善的，那还要圣王、礼义做什么？假使没有了君上、礼义、法律、刑罚，试看人世是治还是乱！为了把恶的本性改变过来，就需要修养、教化。在强调修养、教化这一点上，孟、荀两家并无不同，只是前提很不一样。对"性善"和"性恶"两种观点，你同意哪一种？

人之性恶，其善者伪也[1]。今人之性，生而有好利焉，顺是，故争夺生而辞让亡焉；生而有疾恶焉，顺是，故残贼生而忠信亡焉[2]；生而有耳目之欲、有好声色焉，顺是，故淫乱生而礼义文理亡焉[3]。然则从人之性，顺人之情，必出于争夺，合于犯分乱理而归于暴。故必将有师法之化、礼义之道[4]，然后出于辞让，合于文理而归于治。用此观之，然则人之性恶明矣，其善者伪也。

……孟子曰："人之学者，其性善[5]。"曰：是不然。是不及知人之性，而不察乎人之性伪之分者也。凡性者，天之就也，不可学，不可事[6]。礼义者，圣人之所生也，人之所学而能，所事而成者也。不可学、不可事而在天者，谓之性；可学而能、可事而成之在人者，谓之伪；是性伪之分也。今人之性，目可以见，耳可以听。夫可以见之明不离目，可以听之聪不离耳；目明而耳聪，不可学明矣。孟子曰："今人之性善，将皆失丧其性故也[7]。"曰：若是则过矣。今人之性，生而离其朴，离其资，必失而丧之[8]。用此观之,然则人之性恶明矣。所谓性善者,不离其朴而美之,不离其资而利之也[9]。使夫资朴之于美,心意之于善,若夫可以见之明不离目,可以听之聪不离耳,故曰目明而耳聪也[10]。今人之性,饥而欲饱,寒而欲暖,劳而欲休,此人之情性也。今人饥,见长而不敢先食者,将有所让也;劳而不敢求息者,将有所代也[11]。夫子之让乎父,弟之让乎兄;子之代乎父,弟之代乎兄;此二行者,皆反于性而悖于情也。然而孝子之道,礼义之文理也。故顺情性则不辞让矣,辞让则悖于情性矣。用此观之,然则人之性恶明矣,其善者伪也。

……今诚以人之性固正理平治邪?则有恶用圣王恶用礼义矣哉[12]?虽有圣王礼义,将曷加于正理平治也哉?今不然,人之性恶。故古者圣人以人之性恶,以为偏险而不正,悖乱而不治,故为之立君上之势以临之,明礼义以化之,起法正以治之[13],重刑罚以禁之,使天下皆出于治,合于善也。是圣王之治而礼义之化也。今当试去君上之势[14],无礼义之化,去法正之治,无刑罚之禁,倚而观天下民人之相与也[15];若是,则夫强者害弱而夺之,众者暴寡而哗之[16],天下之悖乱而相亡不待顷也。用此观之,然则人之性恶明矣,其善者伪也。

【注释】

[1] 伪:人为的,后天的。
[2] 疾恶:忌妒,憎恨。残贼:伤害。《修身》篇说:"害良曰贼",这里指伤害忠信之人。
[3] 文理:礼仪条理。
[4] 师法之化:君师和法制的教化。道:同"导",引导。
[5] 这句意思是:孟子说:人所以能学习,是因为本性是"善"的。
[6] 天之就也:自然生成的。事:做,人为。

[7] 这句意思是:孟子说,人的本性本来是善良的,(恶)是由于丧失了善的本性的缘故。
[8] 朴:素质。资:材料。这里指美好的资质。这句意思是:人的本性生下来就已经脱离了美好的资质,其丧失善性是必然的。
[9] 这句意思是:所谓"性善",应该是不离开其朴资就是美好的。
[10] 这几句意思是:假使"资、朴"和美的关系,心意和"善"的关系,就如同视觉离不开眼睛,听觉离不开耳朵一样,(那才可以说是"性善",)正像可以说"目明而耳聪"一样。使:假使。若夫:如同。
[11] 代:代替,指代替长辈劳动。下同。
[12] 有:通"又"。
[13] 法正:法度。使天下皆出于治:使天下全部达到安定有秩序。
[14] 当:应为"尝"。
[15] 倚而观:站在一旁观看。倚:站着。相与:相互交往。
[16] 暴:欺负。哗:喧哗,侵扰。

## （三）五蠹（节选）

《韩非子》

【作品简介】 韩非是战国时韩国的公子,受业于荀子。秦王政十三年(公元前234年)从韩国出使秦国,次年受李斯谗害死于狱中。韩非是法家思想的集大成者。《韩非子》现存五十五篇,注本有清人王先慎《韩非子集解》,今人陈其猷《韩非子集释》。

【阅读提示】 韩非间接地涉及过人性的问题,如"民固骄于爱而听于威矣"(五蠹),看来是主张"性恶"的。在这段选文中,他把人的道德和经济因素联系起来:上古衣食充足,故民不争;当今供养不足,故民争夺。丰年"疏客必食",荒年"幼弟不饟"。这使人想起《管子》的名言:"仓廪实则知礼节,衣食足则知荣辱。"不过,韩非论述的目的不是要对百姓施仁政,让他们饱食暖衣,而是认为当今既然争夺之势已成,就必须对百姓实行严刑峻法。

古者丈夫不耕,草木之实足食也[1];妇人不织,禽兽之皮足衣也。不事力而养足[2],人民少而财有馀,故民不争。是以厚赏不行,重罚不用,而民自治。[3]今人有五子不为多,子又有五子,大父未死而有二十五孙[4]。是以人民众而货财寡,事力劳而供养薄,故民争。虽倍赏累罚而不免于乱[5]。

尧之王天下也,茅茨不翦,采椽不斲[6];粝粢之食,藜藿之羹[7];冬日麑裘;夏日葛衣[8];虽监门之服养不亏于此矣[9]。禹之王天下也,身执耒臿以为民先,股无胈,胫不生毛[10];虽臣虏之劳不苦于此矣[11]。以是言之,夫古之让天下者,是去监门之养而离臣虏之劳也[12],故传天下而不足多也[13]。今之县令,一日身死,子孙累世絜驾[14],故人重之。是以人之于让也,轻辞古之天子,难去今之县令者,薄厚之实异也[15]。夫山居而谷汲者,膢腊而相遗以水[16];泽居苦水者,买庸而决窦[17]。故饥岁之春,幼弟不饟[18];穰岁之秋,疏客必食[19]。非疏骨肉爱过客也,多少之实异也。是以古之易财[20],非仁也,财多也;今之争夺,非鄙也,财寡也。轻辞天子,非高也,势薄也;重争士橐[21],非下也,权重也。故圣人议多少、论薄厚为之政[22]。故罚薄不为慈,诛严不为戾,称俗而行也[23]。故事因于世,而备适于事[24]。

【注释】

[1] 丈夫:指男子。实:果实。
[2] 事力:用体力,指耕织。养足:给养充足。
[3] 自:自然。治:安定,有秩序。
[4] 大父:祖父。
[5] 倍赏:加倍奖赏。累罚:加重惩罚。
[6] 茨(cí):用茅草或苇子盖的屋顶。采:通"棌",栎(lì)木。斲(zhuó):砍削。
[7] 粝粢(lìcí):泛指粗糙的粮食。粝:粗米。粢:通"餈",稻饼。藜藿(huò):泛指野菜。藜:野菜。藿:豆叶。
[8] 麑(ní):小鹿皮做的袍子。麑:小鹿。葛衣:葛布做的衣服。
[9] 监门:看门的人。服:穿的。养:吃的。亏:亏损,短少。此:指代上述尧的供养情况。
[10] 臿(chā):锹,掘土的工具。先:在前面,指带头。股:大腿。胈(bá):大腿上的肌肉。胫(jìng):小腿。
[11] 臣虏:奴隶。奴隶社会常以俘虏为奴隶。
[12] 让天子者:让出天子地位的人。去:与"离"对用,义相同。
[13] 不足多:不值得赞美。多:称赞。

[14] 累世絜(xié)驾:世代乘车,表示不失富贵。絜驾:套马驾车。絜:围束的意思,这里指套车。

[15] 薄厚:指利益大小。实:实际情况。

[16] 山居:在山上居住。谷汲:到山谷里去打水。膢(lóu)腊:泛指节日。膢:楚国人在二月祭祀饮食神的节日。腊:冬十月祭祀百神的节日(秦始皇改在十二月)。遗(wèi):赠送。

[17] 泽居:在沼泽低洼地区居住。苦水:苦于水患。买庸:雇工。庸:同"佣",给人做工。决窦:开挖渠道。

[18] 饥岁:荒年。镶(xiǎng):同"饷",供给别人食物。

[19] 穰(ráng)岁:丰年。穰:丰收。疏客:关系疏远的客人。食(sì):拿食物给人吃。

[20] 易财:轻视财货。易:轻视。

[21] 士橐:指做官和依附权势。士:原作"土",依王先慎说改。"士"通"仕",做官。橐:通"托"。依托,投靠。指依附于诸侯或卿大夫。

[22] 为之政:指根据实际情况而制定政策法令。

[23] 戾(lì),暴虐。称(chèn)俗:适应当时的习俗。称:适合,适应。

[24] 因此,情况应随着时代的不同而不同,[政治的]措施要适应现实的情况。因:依,顺着。

## （四）王道之始

《孟子》

【阅读提示】 其实,主张"性善"的孟子也看到了道德和衣食的关系。他认为,民若无恒产就无为善的恒心。所以,他要当政者施仁政,而且从"制民之产"做起,认为这样才能驱而之善。儒家把教化置于衣食之上,但也看到衣食是教化的基础。

无恒产而有恒心者,惟士为能[1]。若民,则无恒产因无恒心[2]。苟无恒心,放辟邪侈,无不为已[3]。及陷于罪,然后从而刑之,是罔民也[4]。焉有仁人在位,罔民而可为也！是故明君制民之产,必使仰足以事父母,俯足以畜妻子[5],乐岁终身饱[6],凶年免于死亡,然后驱而之善[7],故民之从之也轻。今也,制民之产,仰不足以事父母,俯不足以畜妻子,乐岁终身苦,凶年不免于死亡。此惟救死而恐不赡,奚暇治礼义哉[8]！王欲行之,则盍反其本矣。五亩之宅,树之以桑,五十者可以衣帛矣。鸡豚狗彘之畜,无失其时[9],七十者可以食肉矣。百亩之田,勿夺其时[10],八口之家可以无饥矣。谨庠序之教,申之以孝悌之义[11],颁白者不负戴于道路矣[12]。老者衣帛食肉,黎民不饥不寒[13],然而不王者,未之有也。（梁惠王上）

【注释】

[1] 恒产:指能维持生活的固定财产。恒心:指不因贫困而改变的"为善之心"。士:在战国时期,"士"指用自己的知识技能为统治阶级服务的一个社会阶层(包括文士和武士)。

[2] 若:至于。因:因而,就。

[3] 放:放纵。辟:行为不正。后来通常写作"僻"。邪:不正。侈:过度,指不守法度。无不为:意思是什么坏事都干。
[4] 罔民:对人民张罗网,也就是使民自陷于罪的意思。罔:通"網"(现简化为"网"),用网捕捉,陷害。
[5] 制:规定。仰:指对上。俯:指对下。畜:养。
[6] 大意是,年成好就丰衣足食。乐岁:丰年。
[7] 驱:驱赶。这里指督促。
[8] 惟:只。赡(shàn):足。奚:何。暇:闲暇。
[9] 豚(tún):小猪。彘(zhì):猪。畜:畜养。无:通"毋",不要。时:指繁殖的时机。
[10] 勿夺其时:指不因劳役等耽误了农时。时:指农时。
[11] 庠(xiáng)序:都是学校。申:重复。指反复说明。
[12] 颁白:通"斑白",头发花白。负:背[东西]。戴:用头顶[东西]。
[13] 黎民:百姓。

# 第十五单元

这一单元的中心是"民本"思想。在君权至高无上的封建社会中,"民本"思想是十分可贵的。古代有不少志士仁人本着这一思想行事,为百姓,为社稷向君权抗争,甚至牺牲生命也在所不惜,他们是中华民族的脊梁。但是"民本"思想是否等于"民主"思想呢?阅读下面的选文,就可以看到,"民本"思想是说君主要以民为本,而不是对君主的根本否定,而民主是由人民做主来治理国家,两者是不能等同的。

# （一）民贵君轻

《孟子》

【阅读提示】 "民贵君轻","诸侯危社稷则变置"。在君主专制的时代,这些话如果不是出自孟子之口,大概要被认为是大逆不道的言辞。事实上,自从秦汉形成了中央集权的君主专制制度以后,这样尖锐的话确实也很少有人再说过。"民"在孟子的思想体系中确实占有相当重要的地位,他一再警告君主,如果无视百姓,君主自己就要遭殃。

孟子曰:民为贵,社稷次之[1],君为轻。是故得乎丘民而为天子[2],得乎天子为诸侯,得乎诸侯为大夫。诸侯危社稷则变置[3]。牺牲既成,粢盛既絜[4],祭祀以时,然而旱干水溢,则变置社稷[5]。(尽心下)

……

孟子曰:桀纣之失天下也,失其民也。失其民者,失其心也。得天下有道,得其民斯得天下矣。得其民有道,得其心斯得民矣。得其心有道,所欲与之聚之[6],所恶勿施尔也[7]。民之归仁也,犹水之就下,兽之走圹也[8]。故为渊驱鱼者獭也[9],为丛驱爵者鹯也[10],为汤武驱民者桀与纣也。今天下之君有好仁者,则诸侯皆为之驱矣,虽欲无王,不可得已。(离娄上)

【注释】
[1] 社稷:古代祭祀土神的坛叫"社",祭祀谷神的坛叫"稷"。"社稷"又作为国家的代称。
[2] 丘民:百姓。

[3] 社稷:这里指国家。变置:改换。指另立诸侯。
[4] 牺牲:祭祀用的牛羊猪。粢(zī)盛(chéng):祭祀用的谷物。絜(jié):同"洁"。
[5] 变置社稷:指毁掉原有的社稷坛而重建。
[6] 与之:为之。
[7] 尔:表示"如此而已"的意思。
[8] 圹:旷野。
[9] 敺:同"驱"。獭(tǎ):水獭。水獭食鱼,所以鱼见了都逃到深渊里去。
[10] 丛:丛林。爵(què):通"雀"。鹯(zhān):鹰类。

## （二）水能覆舟

《荀子》

【阅读提示】 "君者舟也,庶人者水也。水则载舟,水则覆舟。"这几句话是荀子所见到的古书上写的,可见早就有了。到了唐代,魏征在给唐太宗的《十渐不克终疏》中,又提到了这条古训。确实,这条古训极为重要,几千年来,各个朝代的治和乱,兴和亡,都取决于"水"是载舟还是覆舟。荀子在文中还画出了一座由"民"、"士"、"大夫"、"君"构成的"金字塔",财富越集中在塔的上层,国家就越危险。这些都说得十分深刻。

马骇舆,则君子不安舆[1]。庶人骇政,则君子不安位。马骇舆,则莫若静之[2]。庶人骇政,则莫若惠之[3]。选贤良,举笃敬,兴孝弟,收孤寡,补贫穷[4],如是则庶人安政矣。庶人安政,然后君子安位。传曰[5]:"君者舟也,庶人者水也。水则载舟,水则覆舟。"此之谓也。故君人者,欲安则莫若平政爱民矣,欲荣则莫若隆礼敬士矣,欲立功名则莫若尚贤使能矣。是君人者之大节也。三节者当,则其馀莫不当矣。三节者不当,则其馀虽曲当[6],犹将无益也。孔子曰:"大节是也,小节是也,上君也。大节是也,小节一出焉一入焉[7],中君也。大节非也,小节虽是也,吾无观其馀矣。"成侯、嗣公,聚敛计数之君也,未及取民也[8]。子产取民者也,未及为政也[9]。管仲为政者也,未及修礼也[10]。故修礼者王,为政者强,取民者安,聚敛者亡。故王者富民,霸者富士,仅存之国富大夫,亡国富筐箧,实府库[11]。筐箧已富,府库已实,而百姓贫,夫是之谓上溢而下漏[12]。入不可以守,出不可以战[13],则倾覆灭亡可立而待也。

故我聚之以亡,敌得之以强[14]。聚敛者,召寇肥敌,亡国危身之道也。故明君不蹈也。(王制)

【注释】

[1] 骇:惊。舆:车。
[2] 静之:使马安静。
[3] 惠之:给他们恩惠。
[4] 举笃敬:提拔忠实而又严肃认真的人。笃:忠实。敬:严肃认真。兴孝弟:提倡孝悌。
[5] 传:古书。
[6] 曲当:各方面都得当。曲:委曲。
[7] 一出一入:有的好有的不好。
[8] 成侯、嗣公:都是战国时卫国国君,嗣公是成侯的孙子。取民:得到人民好感。
[9] 子产:见131页注[1]。为政:治理国家。修礼:实行礼义。
[10] 管仲:见第八单元(一)。
[11] 筐箧:指国君的私囊。
[12] 溢:水漫出来,这里形容财物很多。漏:水流泄,这里形容贫穷。
[13] 入:指国内。出:指国外。
[14] 这句意思是:所以自己搜刮钱财因而招致灭亡,敌人得到这些钱财因而更加强大。

## （三）送薛存义之任序

柳宗元

**柳宗元**

【阅读提示】 官吏是"民之役,非以役民",官吏如果不尽职,甚而至于盗民之财物,民有理由黜罚他。这是一千多年前的思想家柳宗元说的话。实际上,百姓哪有黜罚官吏的权力？只有受尽官府的欺凌而哭诉无门。尽管如此,在人类的思想宝库里,柳宗元的这种先进的社会理想,还是一颗光彩夺目的明珠。

河东薛存义将行[1],柳子载肉于俎,崇酒于觞[2],追而送之江之浒[3],饮食之。且告曰："凡吏于土者,若知其职乎？盖民之役,非以役民而已也。凡民之食于土者,出其十一佣乎吏,使司平于我也[4]。今受其直怠其事者[5],天下皆然。岂惟怠之,又从而盗之。向使佣一夫于家[6],受若直,怠若事,又盗若货器,则必甚怒而黜罚之矣。以今天下多类此,而民莫敢肆其怒与黜罚何哉? 势不同也[7]。势不同而理同,如吾民何? 有达于理者,得不恐而畏乎!"

存义假令零陵二年矣[8]。蚤作而夜思,勤力而劳心,讼者平,赋者均,老弱无怀诈暴憎,其为不虚取直也的矣[8],其知恐而畏也审矣。

吾贱且辱[9],不得与考绩幽明之说[10];于其往也,故赏以酒肉而重之以辞。

---

【注释】

[1] 河东:古地区名,唐代指今山西境内。
[2] 崇:指斟满。
[3] 浒:水边。
[4] 司:主管。平:指赋税、诉讼等的公平。
[5] 直:后来写作"值"。
[6] 向使:假如。
[7] 势:地位。
[8] 假令:代理县令。零陵:在今湖南零陵县。
[9] 的:确实。
[10] 贱且辱:指被贬为永州司马。
[11] 考绩幽明:《书·舜典》:"三岁考绩,三考黜陟幽明。"意谓对官员三年一次考核,根据三次考核提升好的,罢黜坏的。柳宗元说自己无权参与官员的考核升降。

## (四）原臣(节选)[1]

黄宗羲

**【作者简介】** 黄宗羲(公元 1610~1695 年)，字太冲，号南雷，世称"梨洲先生"，浙江余姚(今浙江余姚市)人。明末清初的思想家，有《明夷待访录》《明儒学案》。

**【阅读提示】** 十七世纪已是中国封建社会的末期，思想也开始冲出专制主义的牢笼。本篇对君、臣、民三者的关系提出了新的看法，认为君和臣一样，是为万民治理天下的，臣应该为万民而不为一姓。这既是对"民本"思想的继承，更是对"民本"思想的发展。本篇选自《明夷待访录》。

有人焉，视于无形，听于无声，以事其君[2]，可谓之臣乎？曰：否。杀其身以事其君，可谓之臣乎？曰：否。夫视于无形，听于无声，资于事父也[3]，杀其身者，无私之极则也，而犹不足以当之，则臣道如何而后可？曰：缘夫天下之大，非一人之所能治，而分治之以群工[4]。故我之出而仕也，为天下，非为君也，为万民，非为一姓也。吾以天下万民起见[5]，非其道，即君以形声强我，未之敢从也[6]，况于无形无声乎？非其道，即立身于其朝，未之敢许也，况于杀其身乎？不然，而以君之一身一姓起见，君有无形无声之嗜欲，吾从而视之听之，此宦官宫妾之心也。君为己死而为己亡，吾从而死之亡之，此其私昵者之事也[7]。是乃臣不臣之辨也[8]。

世之为臣者昧于此义，以谓臣为君而设者也[9]，君分吾以天下而后治之，君授吾以人民而后牧之，视天下人民为人君橐中之私物。今以四方之劳扰，民生之憔悴，足以危吾君也，不得不讲治之牧之之术[10];苟无系于社稷之存亡[11],则四方之劳扰,民生之憔悴,虽有诚臣,亦以为纤芥之疾也。夫古之为臣者,于此乎,于彼乎[12]?

盖天下之治乱,不在一姓之兴亡,而在万民之忧乐。是故桀纣之亡,乃所以为治也[13],秦政、蒙古之兴[14],乃所以为乱也;晋、宋、齐、梁之兴亡,无与于治乱者也[15]。为臣者轻视斯民之水火[16],即能辅君而兴,从君而亡,其于臣道固未尝不背也。夫治天下犹曳大木然,前者唱邪,后者唱许[17]。君与臣,共曳木之人也;若手不执绋[18],足不履地,曳木者唯娱笑于曳木者之前[19],从曳木者以为良[20],而曳木之职荒矣。

嗟乎!后世骄君自恣[21],不以天下万民为事。其所求乎草野者[22],不过欲得奔走服役之人。乃使草野之应于上者,亦不出夫奔走服役。一时免于寒饿,遂感在上之知遇,不复计其礼之备与不备,跻之仆妾之间而以为当然。万历初,神宗之待张居正[23],其礼稍优。此于古之师傅未能百一[24],当时论者骇然居正之受无人臣礼。夫居正之罪,正坐不能以师傅自待,听指使于仆妾[25]。而责之反是,何也?是则耳目浸淫于流俗之所谓臣者以为鹄矣[26],又岂知臣之与君,名异而实同耶[27]?

---

【注释】

[1] 原臣:从根本上推论关于臣的道理。原:推论其本原。
[2] 《礼记·曲礼上》:"为人子者……听于无声,视于无形。"指父母不在跟前,儿子也要想到父母的教诲。这里是说,君主的心意即使不通过言语和容色表达出来,臣子也要善于体会。
[3] 资于事父:即"资于事父以事君",语出《礼记·丧服四制》,又见《孝经》。意思是用事父之道以事君。资:凭借。
[4] 群工:指群臣,百官。

[5] 以……起见:为……着想。
[6] 即:即使。以形声强我:意思是有明确的表示强制我去做某事。
[7] 这几句用晏子的意思。见第十二单元(二)。
[8] 这就是臣和不是臣(而是宦官宫妾)的区别。
[9] 以谓:以为。谓:通"为"。
[10] 讲:研究。
[11] 系:关系。
[12] 这三句意思是说,古代的臣之所以为臣,是在于这样(只关心君的存亡)呢?还是在于那样(首先关心人民的忧乐)呢?
[13] 是天下成为治的原因。
[14] 秦政:秦始皇,姓嬴名政。蒙古:指元朝。
[15] 与(yù):关涉。
[16] 水火:比喻极端的痛苦。《孟子·梁惠王》:"今燕虐其民,王往而征之,民以为将拯己于水火之中也。"
[17] 《淮南子·道应》:"今夫举大木者,前呼邪许,后亦应之,此举重劝力之歌也。""邪(yé)"和"许(hǔ)"都是象声词。
[18] 绋(fú):大绳子。
[19] 前一个"曳木者"比喻臣,后一个"曳木者"比喻君。
[20] 从(zòng):纵使,即使。本句"曳木者"比喻君。
[21] 自恣:放纵自己。
[22] 草野:指民间。
[23] 万历:明神宗朱翊钧的年号(公元1573~1620年)。张居正:万历时的宰相。
[24] 师傅:指古代太师、太傅、太保一类的官,是最高的官位,即所谓的"帝王之师"。受:指接受神宗的礼遇。
[25] 坐:因。听指使于仆妾:指张居正听命于皇帝亲信的太监冯保。明神宗即位时,张居正曾与冯保密谋排斥执政的大学

231

士高拱;后来张居正又迎合冯保,贬谪了上疏请治宦官的给事中赵参鲁,斥退了冯保所不悦的内侍。
[26] 浸淫:逐渐受影响。鹄(gǔ):箭靶的中心。这里引申为准则、标准。
[27] 实同:指都是共治天下的。

# 第十六单元

本单元选收反映儒家和道家思想的一些片段。儒家选《论语》的几段(《孟子》的文章已选过若干片段,所以本单元从略),道家选《老子》的几段和《庄子》的一篇。所选的都着重反映他们的社会政治思想。自从汉武帝"罢黜百家,独尊儒术"之后,儒家思想一直占主流地位,但在汉文帝、汉景帝时,却是崇尚黄老,实行"无为而治"。柳宗元的《种树郭橐驼传》也是主张"无为而治"的。

# (一) 论语选

**【作品简介】** 孔子(公元前551~479年)名丘,字仲尼,春秋时鲁国曲阜(今山东曲阜市)人。曾任鲁国司寇,又曾周游列国,后来回到鲁国授徒讲学。孔子是我国伟大的思想家、教育家,是儒家学派的创始人,对我国的思想、文化有莫大的影响。《论语》是孔子的弟子门人辑录而成的,汉代曾流传鲁论、齐论、古论三种本子,现在的本子是汉朝人在上述三个本子的基础上整理而成的,共二十篇。今人杨伯峻有《论语译注》。

**【阅读提示】** 孔子思想的核心是"仁","仁"的主要内容是"忠恕"。孔子的社会政治思想,简单地说,是"德治",即选文第2条说的"道之以德,齐之以礼",用德来进行教化,用礼来实行规范,而且首先从在上者做起。孔子的主张在当时行不通,他所向往的周礼已经崩坏,"滔滔者天下皆是"。但孔子"知其不可而为之",仍然孳孳汲汲,为他的理想而奔走。

1. 子曰:"为政以德,譬如北辰[1],居其所而众星共之[2]。"
2. 子曰:"道之以政[3],齐之以刑[4],民免而无耻[5]。道之以德,齐之以礼,有耻且格[6]。"(为政)
3. 子贡欲去告朔之饩羊[7],子曰:"赐也,尔爱其羊[8],我爱其礼。"(八佾)
4. 子曰:"参乎[9]!吾道一以贯之[10]。"曾子曰:"唯[11]。"子出,门人问曰:"何谓也?"曾子曰:"夫子之道,忠恕而已矣[12]。"(里仁)
5. 子贡问曰:"如有博施于民而能济众,何如?可谓仁乎?"子曰:"何事于仁!必也圣乎[13]!尧舜其犹病诸[14]。夫仁者,

己欲立而立人,己欲达而达人[15]。能近取譬,可谓仁之方也[16]。"(雍也)

6. 颜渊问仁。子曰:"克己复礼为仁[17]。一日克己复礼,天下归仁焉[18]。为仁由己,而由人乎哉!"颜渊曰:"请问其目[19]。"子曰:"非礼勿视,非礼勿听,非礼勿言,非礼勿动。"颜渊曰:"回虽不敏[20],请事斯语矣。"

7. 子贡问政。子曰:"足食,足兵,民信之矣。"子贡曰:"必不得已而去,于斯三者何先?"曰:"去兵。"子贡曰:"必不得已而去,于斯二者何先?"曰:"去食。自古皆有死,民无信不立。"

8. 哀公问于有若曰[21]:"年饥,用不足,如之何?"有若对曰:"盍彻乎[22]?"曰:"二,吾犹不足,如之何其彻也?"对曰:"百姓足,君孰与不足[23]?百姓不足,君孰与足?"

9. 齐景公问政于孔子。孔子对曰:"君君[24],臣臣,父父,子子。"公曰:"善哉!信如君不君[25],臣不臣,父不父,子不子,虽有粟,吾得而食诸?"

10. 季康子问政于孔子。孔子对曰:"政者,正也。子帅以正[26],孰敢不正?"

11. 季康子患盗[27],问于孔子。孔子对曰:"苟子之不欲[28],虽赏之不窃。"

12. 季康子问政于孔子曰:"如杀无道以就有道[29],何如?"孔子对曰:"子为政,焉用杀?子欲善而民善矣。君子之德,风。小人之德,草[30]。草上之风必偃[31]。"(颜渊)

13. 子路曰:"卫君待子而为政,子将奚先[32]?"子曰:"必也正名乎!"子路曰:"有是哉!子之迂也[33]!奚其正[34]?"子曰:"野哉由也[35]!君子于其所不知,盖阙如也[36]。名不正,则言不顺。言不顺,则事不成。事不成,则礼乐不兴。礼乐不兴,则刑罚不中[37]。刑罚不中,则民无所错手足[38]。故君子名之必

可言也,言之必可行也。君子于其言,无所苟而已矣[39]。"(子路)

14. 子贡问曰:"有一言可以终身行之者乎?"子曰:"其恕乎! 己所不欲,勿施于人。"(卫灵公)

15. 长沮、桀溺耦而耕[40]。孔子过之,使子路问津焉[41]。长沮曰:"夫执舆者为谁[42]?"子路曰:"为孔丘。"曰:"是鲁孔丘与?"曰:"是也。"曰:"是知津矣!"问于桀溺。桀溺曰:"子为谁?"曰:"为仲由。"曰:"是鲁孔丘之徒与?"对曰:"然。"曰:"滔滔者天下皆是也[43],而谁以易之[44]? 且而与其从辟人之士也,岂若从辟世之士哉[45]? 耰而不辍[46]。"子路行以告。夫子怃然[47],曰:"鸟兽不可与同群[48]。吾非斯人之徒与而谁与[49]? 天下有道,丘不与易也。"

16. 子路从而后[50]。遇丈人以杖荷蓧[51]。子路问曰:"子见夫子乎?"丈人曰:"四体不勤[52],五谷不分,孰为夫子?"植其杖而芸[53]。子路拱而立。止子路宿,杀鸡为黍而食之[54],见其二子焉[55]。明日,子路行。以告。子曰:"隐者也。"使子路反见之。至则行矣。子路曰:"不仕无义。长幼之节,不可废也[56],君臣之义,如之何其废之? 欲洁其身而乱大伦。君子之仕也,行其义也。道之不行,已知之矣。"(微子)

【注释】

[1] 北辰:北极星。
[2] 共:后来写作"拱"。
[3] 道:后来写作"导"。
[4] 齐:整齐,指使其行为规范守法。
[5] 免而无耻:免于犯罪但不知道什么是可耻的。
[6] 格:正。

[7] 告朔:天子把每月的"朔"(初一)颁告诸侯。饩(xì)羊:活的羊。告朔诸侯要献饩羊。在孔子时周天子已不告朔,但鲁国仍献饩羊。子贡要去掉,孔子不同意。
[8] 爱:吝惜。
[9] 参:曾参。
[10] 一以贯之:用一个主要思想来贯串。
[11] 唯:应答声。
[12] "忠"是"己欲立而立人,己欲达而达人","恕"是"己所不欲,勿施于人。"(见第14条)
[13] 哪里只是"仁"呢,如果要说的话,那是"圣"啊!
[14] 病:指不容易做到。诸:之乎。
[15] 立:站得住。达:行得通。
[16] 近取譬:意思是从近处做起。仁之方:做到"仁"的方法。
[17] 克己复礼:克制自己,使言行恢复到"礼"。
[18] 归仁:称你为"仁"了。
[19] 目:细目。
[20] 回:颜渊名"回"。
[21] 哀公:鲁哀公。
[22] 盍:何不。彻:税法,收十分之一的税。
[23] 孰与:和谁。
[24] 君君:君要像君。
[25] 信:假如真的。
[26] 帅:率领。
[27] 盗:偷窃。
[28] 不欲:不贪欲。
[29] 就有道:意谓使民归于有道。
[30] 君子之德犹如风,小人之德犹如草。
[31] 上之风:上之以风。上:动词,加上。偃:伏。意谓小人的道

德受君子道德的影响。
- [32] 奚先:先做什么。先:动词。
- [33] 你的迂竟到了这种程度! 是:此。
- [34] 为什么要正名?
- [35] 野:鄙陋。
- [36] 阙如:指不去谈论。阙:通"缺"。
- [37] 中(zhòng):指得当。
- [38] 错:通"措"。
- [39] 苟:苟且。
- [40] 长沮、桀溺:都是当时的隐士。耦(ǒu):两人各执一耜并排而耕。
- [41] 津:渡口。
- [42] 执舆:执辔于舆。
- [43] 滔滔者:洪水滔滔,比喻混乱。
- [44] 谁以易之:和谁一起去改变它? 以:与。
- [45] 而:你。从:跟从。辟人之士:躲避坏人的人(指孔子)。辟世之士:躲避社会的人(指隐士)。
- [46] 耰(yōu):播种后用土盖上。辍(chuò):停止。
- [47] 怃然:失意貌。
- [48] 意谓不能隐居山林。
- [49] 我不和人群在一起又和谁在一起呢? 与:在一起。
- [50] 从:跟随。后:落在后面。
- [51] 荷(hè):扛。蓧(diào):除草的农具。
- [52] 四体:四肢。
- [53] 植其杖:把杖插在土中。芸:通"耘",除草。
- [54] 食(sì):给……吃。
- [55] 见(xiàn):使……拜见。
- [56] 意谓叫他儿子出来见子路是明白长幼之节不可废。

# （二）老子选

**老 子**

【作品简介】 老子的生平众说不一，一般认为老子是春秋时期楚国人，和孔子同时，姓李，名耳，字聃，曾做过周王室的史官。《老子》一书大约是战国时期老子的后学根据他的思想加以发挥补充而成的，分上下两篇，上篇《道经》，下篇《德经》，是先秦道家的代表著作，对我国的思想文化影响很大。1974年长沙马王堆三号汉墓出土帛书《老子》，《德经》在前，《道经》在后，字句与今本也有出入，可以参看。

【阅读提示】 老子反对儒家提倡的"仁"、"义"，认为它们破坏了"道"；老子也反对世间的智慧，认为这是诈伪的根源。他主张无为而治，"无为而无不为"；主张反朴归真，回到"小国寡民"的封闭状态。老子的有些主张是无法实现的，但看惯了儒家思想体系的论著,再来读读《老子》,会觉得有些话确实有深意,有道理,会佩服这位哲人的智慧。

1. 不尚贤,使民不争;不贵难得之货,使民不为盗;不见可欲,使民心不乱。是以圣人之治,虚其心,实其腹,弱其志,强其骨。常使民无知无欲,使夫智者不敢为也。为无为,则无不治。(三章)

2. 三十辐,共一毂[1],当其无,有车之用[2]。埏埴以为器[3],当其无,有器之用。凿户牖以为室,当其无,有室之用。故有之以为利,无之以为用。(十一章)

3. 五色令人目盲;五音令人耳聋;五味令人口爽[4];驰骋畋猎,令人心发狂;难得之货,令人行妨。是以圣人为腹不为目。故去彼取此[5]。(十二章)

4. 大道废,有仁义。慧智出,有大伪。六亲不和,有孝慈。国家昏乱,有忠臣。(十八章)

5. 绝圣弃智,民利百倍;绝仁弃义,民复孝慈;绝巧弃利,盗贼无有。此三者以为文不足。故令有所属[6]:见素抱朴,少私寡欲[7]。(十九章)

6. 为学日益,为道日损。损之又损,以至于无为。无为而无不为。取天下常以无事,及其有事,不足以取天下。(四十八章)

7. 以正治国,以奇用兵,以无事取天下。吾何以知其然哉?以此。天下多忌讳,而民弥贫;人多利器,国家滋昏;人多伎巧,奇物滋起;法令滋彰,盗贼多有。故圣人云:"我无为,而民自化;我好静,而民自正;我无事,而民自富;我无欲,而民自朴。"(五十七章)

8. 民之饥,以其上食税之多,是以饥。民之难治,以其上之

有为,是以难治。民之轻死,以其上求生之厚,是以轻死。夫唯无以生为者,是贤于贵生[8]。(七十五章)

9. 天下莫柔弱于水,而攻坚强者莫之能胜,以其无以易之。弱之胜强,柔之胜刚,天下莫不知,莫能行。是以圣人云:"受国之垢[9],是谓社稷主;受国不祥,是谓天下王。"正言若反。(七十八章)

10. 小国寡民[10]。使有什伯之器而不用[11],使民重死而不远徙。虽有舟舆,无所乘之;虽有甲兵,无所陈之。使民复结绳而用之。甘其食,美其服,安其居,乐其俗[12]。邻国相望,鸡犬之声相闻,民至老死不相往来。(八十章)

【注释】

[1] 辐:车轮上的辐条。毂(gǔ):车轮中心插轴的部分。
[2] 有车之用:意谓车辐之间的空缺使车轮成为有用之物。
[3] 埏(shān):制陶器的模子,这里用作动词。埴(zhí):粘土。
[4] 爽:败坏。
[5] 彼:指"五色"、"五音"等。此:指可以"为腹"者。
[6] 此三者:圣智、仁义、巧利。为:通"伪",诈伪。有所属:指下文所说的反朴归真。
[7] 素、朴:均指未加修饰的本性。
[8] 无以生为:意谓不把生看重。
[9] 垢:污垢。这里指耻辱。
[10] 小国寡民:使国小,使民寡。
[11] 什伯之器:功效十倍百倍之器。
[12] 甘、美、安、乐:均用作意动,认为……甘、美、安、乐。

## (三) 胠箧(节选)

《庄子》

**【阅读提示】**《庄子》的思想和《老子》不完全一样,但基本思想是相同的。《胠箧》一文,可以看作《老子》"绝圣弃智"思想的发挥。真要做到"绝圣弃智"是不可能的。但是,文中关于"大盗"的剖析,是多么犀利,多么深刻!田成子不就是一个绝好的例子吗?

将为胠箧、探囊、发匮之盗而为守备[1],则必摄缄縢[2],固扃鐍[3],此世俗之所谓知也[4]。然而巨盗至,则负匮、揭箧、担囊而趋[5],唯恐缄縢扃鐍之不固也。然则向之所谓知者[6],不乃为大盗积者也?……何以知其然邪?昔者齐国邻邑相望,鸡狗之音相闻,罔罟之所布,耒耨之所刺[7],方二千馀里。阖四竟之内,所以立宗庙社稷,治邑屋州闾乡曲者,曷尝不法圣人哉!然而田成子一旦杀齐君而盗其国[8],所盗者岂独其国邪?并与其圣知之法而盗之。故田成子有乎盗贼之名,而身处尧舜之安;小国不敢非,大国不敢诛,十二世有齐国。则是不乃窃齐国,并与其圣知之法以守其盗贼之身乎?……

夫川竭而谷虚,丘夷而渊实[9];圣人已死,则大盗不起,天下平而无故矣[10]。圣人不死,大盗不止。虽重圣人而治天下,则是重利盗跖也[11]。为之斗斛以量之[12],则并与斗斛而窃之;为之权衡以称之[13],则并与权衡而窃之;为之符玺以信之[14],则并与符玺而窃之;为之仁义以矫之,则并与仁义而窃之。何以知其然邪?彼窃钩者诛[15],窃国者为诸侯。诸侯之门,而仁义存焉。则是非窃仁义圣知邪?故逐于大盗、揭诸侯、窃仁义并斗斛权衡符玺之利者[16],虽有轩冕之赏弗能劝[17],斧钺之威弗能禁[18]。此重利盗跖而使不可禁者,是乃圣人之过也。故曰:"鱼不可脱于渊,国之利器不可以示人[19]。"彼圣人者,天下之利器也,非所以明天下也。

故绝圣弃知,大盗乃止;擿玉毁珠[20],小盗不起;焚符破玺,而民朴鄙;掊斗折衡[21],而民不争;殚残天下之圣法[22],而民始可与论议。擢乱六律[23],铄绝竽瑟[24],塞瞽旷之耳[25],而天下始人含其聪矣[26];灭文章,散五采[27],胶离朱之目[28],而天下始人含其明矣[29];毁绝钩绳,而弃规矩[30],攦工倕之指[31],而天下始人有其巧矣。故曰:大巧若拙。削曾史之行[32],钳杨墨之口[33],攘弃仁义[34],而天下之德始玄同矣[35]。

彼人含其明,则天下不铄矣[36];人含其聪,则天下不累矣[37];人含其知,则天下不惑矣;人含其德,则天下不僻矣[38]。彼曾史杨墨师旷工倕离朱,皆外立其德,而以爚乱天下者也[39],法之所无用也[40]。

【注释】

[1] 胠(qū):从旁边开。箧(qiè):箱子一类的东西。探:掏。囊:口袋。发:开。匮(guì):后来写作"柜"。

[2] 摄:指勒紧。缄(jiān)縢(téng):都是绳子。

[3] 扃(jiōng):闩子。鐍(jué):插闩之处。"扃鐍"略相当于后代的"锁钥"。

[4] 知(zhì):后来写作"智"。下"知"同。

[5] 揭(jiē):抬。

[6] 向(xiàng):先前。

[7] 罟(gǔ):网。罔:通"網",简化为"网"。耒(lěi)耨(nòu):两种农具。

[8] 齐国的国君原来是姜姓。田成子是齐国的大臣。田成子杀

了齐简公,专齐之政,后来田成子的曾孙废齐康公而自立为诸侯。

[9] 夷:平。渊:山谷。实,满。
[10] 故:事。
[11] 重:加倍。
[12] 为之斗斛(hú):给天下[之人]制定斗斛。斛:十斗为斛。
[13] 权:秤锤。衡:秤杆。
[14] 符:古代用来作凭据的东西,用竹、木、玉、铜等制成。玺(xǐ):印。信:信用,用如动词,有立信用的意思。
[15] 钩:衣带钩。这里代表一般不值钱的东西。
[16] 逐:追随。揭:举。揭诸侯:等于说居诸侯之上。
[17] 轩冕:指高官厚禄。轩:古代大夫以上的人所坐的车子。冕:古代大夫以上的人所戴的礼帽。劝,鼓励。
[18] 斧钺:指刑戮之事。
[19] 两句见《老子》。国之利器:指圣人的法制。
[20] 擿(zhì):投掷。后来写作"掷"。
[21] 掊(pǒu):打破。
[22] 殚(dān):尽。
[23] 拔掉律管,使六律混乱。擢(zhuó):拔掉。六律,古代用竹管的长短审定乐音的高低,按高低情况分乐音为十二类,其中又分阴阳各六。这里的六律,既指律管,又指乐律。
[24] 铄(shuò):销毁。竽(yú):笙一类的乐器。这里泛指乐器。
[25] 旷:人名,师旷。相传他最会审音辨律。他是瞎子,所以也叫"瞽旷"。
[26] 聪,听力。
[27] 文章:古代以青色和赤色相配合叫做"文",以赤色和白色相配合叫做"章"。这里泛指"文采"。
[28] 胶:黏住。离朱:一名离娄,相传是古代眼力最好的人。

［29］ 明:视力。
［30］ 钩:定曲线的工具。绳:定直线的工具。规:定圆形的工具。矩:定方形的工具。
［31］ 攦(lì):折断。工倕(chuí):相传是尧时候的巧匠。
［32］ 削:削除。曾:曾参,有孝行。史:史鰌(qiū),字子鱼,又称史鱼,是卫灵公时的直臣。
［33］ 杨:杨朱、墨翟。
［34］ 攘(ráng):排除。
［35］ 玄同:有混同的意思。玄:幽暗。
［36］ 铄(shuò):毁坏。
［37］ 累:忧思。
［38］ 僻:邪僻。
［39］ 外立其德:庄子认为"德"应该在各人之内,而这些人却炫耀夸饰显示于外。爚(yuè)乱:等于说"迷惑"或"迷乱"。爚:指炫(xuàn)耀。
［40］ 大意是:这是圣智之法之所以没有用的道理。

## （四）种树郭橐驼传

柳宗元

**【阅读提示】** 柳宗元写过不少"传",有的是记人的,有的是说理的。本篇属于后者。写郭橐驼种树,实际上是希望官吏不要扰民,让百姓安心过日子。从思想上说,当然是属于老子"无为而治"这一派。不过,柳宗元被贬永州之后,亲眼见到老百姓受官吏骚扰勒索的苦况,也许这是他写此文的直接原因。

郭橐驼[1],不知始何名。病瘘[2],隆然伏行[3],有类橐驼者,故乡人号之"驼"。驼闻之曰:"甚善,名我固当。"因舍其名,亦自谓橐驼云。其乡曰丰乐乡,在长安西。驼业种树[4],凡长安豪富人为观游及卖果者,皆争迎取养。视驼所种树,或移徙,无不活,且硕茂早实以蕃[5]。他植者虽窥伺效慕,莫能如也。

有问之,对曰:"橐驼非能使木寿且孳也[6],能顺木之天,以致其性焉尔[7]。凡植木之性,其本欲舒[8],其培欲平,其土欲故,其筑欲密[9]。既然已,勿动勿虑,去不复顾[10]。其莳也若子[11],其置也若弃,则其天者全而其性得矣。故吾不害其长而已,非有能硕茂之也;不抑耗其实而已[12],非有能蚤而蕃之也。他植者则不然,根拳而土易,其培之也,若不过焉则不及。苟有能反是者,则又爱之太恩,忧之太勤,旦视而暮抚,已去而复顾。甚者爪其肤以验其生枯[13],摇其本以观其疏密,而木之性日以离矣。虽曰爱之,其实害之;虽曰忧之,其实雠之,故不我若也。吾又何能为哉!"

问者曰:"以子之道,移之官理可乎[14]?"驼曰:"我知种树而已,理,非吾业也。然吾居乡,见长人者好烦其令[15],若甚怜

247

焉,而卒以祸。旦暮吏来而呼曰:'官命促尔耕,勖尔植[16],督尔获[17],早缫而绪[18],早织而缕[19],字而幼孩[20],遂而鸡豚[21]。'鸣鼓而聚之,击木而召之。吾小人辍飧饔以劳吏者[22],且不得暇,又何以蕃吾生而安吾性耶?故病且怠。若是,则与吾业者其亦有类乎?"

问者曰:"嘻,不亦善夫!吾问养树,得养人术。"传其事以为官戒[23]。

【注释】

[1] 橐(tuó)驼:骆驼。
[2] 瘘(lú):驼背。
[3] 隆然:驼背的样子。伏行:面朝下走路。
[4] 业种树:以种树为业。
[5] 蕃:繁茂。
[6] 孳:生长。
[7] 天:天性。
[8] 本:树根。舒:舒展。
[9] 筑:夯土。
[10] 顾:回头看。
[11] 莳(shì):栽种。若子:像对孩子一样。
[12] 抑耗:抑制,损害。
[13] 爪其肤:指用指甲搔树皮。
[14] 官理:为官理政。
[15] 烦其令:使其令烦。
[16] 勖(xù):勉励。
[17] 督:督促。
[18] 缫(sāo):抽茧出丝。而:你们的。绪:丝的头。这里指丝。

［19］ 缕：线。
［20］ 字：养育。
［21］ 遂：成长。这里用作使动。
［22］ 辍(chuò)：中止。飧(sūn)：晚饭。饔(yōng)：早饭。劳：慰劳。
［23］ 官戒：为官之戒。

# 第十七单元

本单元介绍另一个思想流派——法家。韩非是法家思想的集大成者,他继承了慎到的"势"、申不害的"术"、商鞅的"法",发展成为一套完整的理论,认为君主用君位(势)来统治天下,用权术(术)来控制群臣,用赏罚(法)来驱使百姓,就可以万无一失,长治久安。秦始皇的中央集权的大帝国,就是在韩非的理论基础上建立起来的,而且,他也认为可以传之万世。但是,和他们的设想相反,陈胜、吴广振臂一呼,秦帝国顷刻瓦解,秦二世而亡。这说明法家的强权理论并不那么完美。贾谊的名篇《过秦论》对此做了一个很好的历史总结。

## (一) 难一(节选)

《韩非子》

【说明】 这篇文章,韩非用"以子之矛,陷子之盾"作譬喻,批驳了儒家的"德治"主张,在中国哲学史上,韩非第一次把"矛盾"这一名词用作逻辑上的概念。韩非嘲笑"德治"的办法迂腐不可行,认为"法治"是最有效的,"令朝至暮变,暮至朝变,十日而海内毕矣"。当然,"法治"有它的好处,但是,法令真有那么大的功效吗?

历山之农者侵畔[1],舜往耕焉,期年甽亩正[2]。河滨之渔者争坻[3],舜往渔焉,期年而让长[4]。东夷之陶者器苦窳[5],舜往陶焉,期年而器牢。仲尼叹曰:"耕、渔与陶,非舜官也[6],而舜往为之者,所以救败也[7]。舜其信仁乎!乃躬藉处苦而民从之[8]。故曰:圣人之德化乎[9]!"

或问儒者曰:"方此时也,尧安在?"其人曰:"尧为天子。"然则仲尼之圣尧奈何[10]!圣人明察,在上位,将使天下无奸也。今耕渔不争,陶器不窳,舜又何德而化[11]?舜之救败也,则是尧有失也。贤舜则去尧之明察,圣尧则去舜之德化,不可两得也。楚人有鬻楯与矛者[12],誉之曰:"吾楯之坚,物莫能陷也[13]。"又誉其矛曰:"吾矛之利,于物无不陷也。"或曰:"以子之矛,陷子之楯,何如?"其人弗能应也。夫不可陷之楯,与无不陷之矛,不可同世而立[14]。今尧舜之不可两誉,矛楯之说也[15]。

且舜救败,期年已一过[16],三年已三过。舜有尽寿有尽,天下过无已者[17]。以有尽逐无已,所止者寡矣。赏罚使天下必行之,令曰:"中程者赏,弗中程者诛[18]。"令朝至暮变,暮至朝变[19],十日而海内毕矣,奚待期年[20]！舜犹不以此说尧令从己,乃躬亲,不亦无术乎[21]？且夫以身为苦而后化民者,尧舜之所难也;处势而骄下者,庸主之所易也[22]。将治天下,释庸主之所易[23],道尧舜之所难,未可与为政也。

【注释】

[1] 历山:传说中的地名。相传舜曾在这里耕种。侵畔:越出田界侵占别人的耕地。畔:田界。
[2] 期(jī)年:周年。畎(quǎn)亩正:指田界不再被破坏侵占。畎:同"甽",田间的水沟。亩:田垄。
[3] 争坻(chí):指争着在水中高地捕鱼。坻:水中高地。
[4] 让长:让年长的人[占水中高地]。
[5] 陶者:制陶器的人。苦(gǔ):粗劣。窳(yǔ):粗劣不结实。
[6] 官:职守,职责。
[7] 救:挽救。败:指社会风气的败坏。
[8] 躬藉处苦:指亲身去做那些劳苦的工作。
[9] 以上一段是叙述儒家的一种说法。
[10] 那么孔子把尧看作圣人又该怎么说呢？
[11] 今:这里表示假设。何德而化:哪里用得着用德行去教化[他们]呢？
[12] 鬻(yù):卖。楯(旧读 shǔn):同"盾",盾牌。
[13] 莫:否定性无定代词,没有哪一样。陷:这里是"穿透"的意思。
[14] 同世而立:同时存在。
[15] 意思是,对尧舜不可能两方面都称赞,这就像楚人对矛盾的说法一样。
[16] 已:停止,消除。过:过错。

[17] "舜有尽"的"有尽"二字是衍文,应删。已:完了,完结。
[18] 中(zhòng):符合。程:规矩,法则。诛:罚。
[19] 变:指某地的情况得到改变。
[20] 奚:为什么。
[21] 不亦……乎:这是固定格式,常用来表示反问。术:(治理的)办法。
[22] 处势:处在有权势的地位。骄:通"矫",矫正。庸主:平庸的君主。
[23] 释:放弃。道:称道,提倡。

《韩非子》

## （二）外储说右下（节选）

《韩非子》

**【阅读提示】** 这几段文章,说明韩非关于"法"的思想。他要斩断一切感情的联系,让百姓唯君主之法是从。对君主来说,执法就是一切,不必顾及百姓的死活。司马谈说法家"严而少恩","可以行一时之计,而不可长用。"信然!

秦昭王有病,百姓里卖牛而家为王祷。公孙述出见之,入贺王曰:"百姓乃皆里买牛为王祷。"王使人问之,果有之。王曰:"赀之人二甲[1]。夫非令而擅祷,是爱寡人也。夫爱寡人,寡人亦且改法而心与之相循者[2],是法不立;法不立,乱亡之道也。不如人罚二甲而复与为治。"

一曰[3]:秦襄王病,百姓为之祷;病愈,杀牛塞祷[4]。郎中阎遏、公孙衍出见之[5],曰:"非社腊之时也[6],奚自杀牛而祠社?"怪而问之。百姓曰:"人主病,为之祷;今病愈,杀牛塞祷。"阎遏、公孙衍说[7],见王,拜贺曰:"过尧、舜矣。"王惊曰:"何谓也?"对曰:"尧、舜其民未至为之祷也。今王病,而民以牛祷;病愈,杀牛塞祷。故臣窃以王为过尧、舜也。"王因使人问之,何里为之,訾其里正与伍老屯二甲[8]。阎遏、公孙衍愧不敢言。居数月,王饮酒酣乐,阎遏、公孙衍谓王曰:"前时臣窃以王为过尧、舜,非直敢谀也。尧、舜病,且其民未至为之祷也;今王病而民以牛祷,病愈,杀牛塞祷。今乃訾其里正与伍老屯二甲,臣窃怪之。"王曰:"子何故不知于此?彼民之所以为我用者,非以吾爱之为我用者也,以吾势之为我用者也[9]。吾释势与民相收[10],若是,吾适不爱而民因不为我用也[11],故遂绝爱道也。"

秦大饥,应侯请曰[12]:"五苑之草著[13]:蔬菜、橡果、枣栗,足以活民,请发之。"昭襄王曰:"吾秦法,使民有功而受赏,有罪而受诛。今发五苑之蔬草者,使民有功与无功俱赏也。夫使民有功与无功俱赏者,此乱之道也。夫发五苑而乱,不如弃枣蔬而治。"一曰:"令发五苑之蔬、蔬、枣、栗[14],足以活民,是使民有功与无功互争取也。夫生而乱,不如死而治,大夫其释之。"

【注释】

[1] 赀(zī):罚。
[2] 循:意谓按照同样的办法对待。
[3] 一曰:另一种说法。
[4] 塞:为报答神而举行的祭祀。
[5] 郎中:官名。
[6] 社腊:社日和腊日。
[7] 说:后来写作"悦"。
[8] 里正:一里之长。伍老:一伍之长。里、伍都是古代的居民单位。
[9] 势:权势。
[10] 释:放弃。相收:指相互对待。
[11] 适:偶尔。
[12] 应侯:范雎,秦昭王的大臣。
[13] 五苑:秦苑名。"著"为衍文。
[14] 蔬:见207页注[2]。

## （三）难势[1]（节选）

《韩非子》

【阅读提示】 这是韩非和儒家关于"势"的辩论。儒家认为：天下的治乱不在于"势"而在于人。尧舜在位则治，桀纣在位则乱。韩非认为：尧舜和桀纣都是千年而一出，绝大多数君主都是中才之人，"抱法处势则治，背法去势则乱。"所以天下的治乱不在于人而在于"势"。在这个问题上，韩非的观点胜于儒家。

慎子曰[2]：飞龙乘云，腾蛇游雾[3]，云罢雾霁[4]，而龙蛇与螾螘同矣[5]，则失其所乘也。贤人而诎於不肖者[6]，则权轻位卑也；不肖而能服於贤者[7]，则权重位尊也。尧为匹夫，不能治三人；而桀为天子，能乱天下；吾以此知势位之足恃而贤智之不足慕也。夫弩弱而矢高者[8]，激於风也[9]；身不肖而令行者，得助於众也。尧教於隶属而民不听[10]，至于南面而王天下，令则行，禁则止。由此观之，贤智未足以服众，而势位足以屈贤者也。

应慎子曰[11]：飞龙乘云，腾蛇游雾，吾不以龙蛇为不託於云雾之势也。虽然，夫释贤而专任势，足以为治乎？则吾未得见也。夫有云雾之势而能乘游之者，龙蛇之材美也；今云盛而螾弗能乘也，雾醲而螘不能游也，夫有盛云醲雾之势而不能乘游者，螾螘之材薄也。今桀、纣南面而王天下，以天子之威为之云雾，而天下不免乎大乱者，桀、纣之材薄也。……夫良马固车，使臧获御之则为人笑[12]，王良御之而日取千里[13]。车马非异也，或至乎千里，或为人笑，则巧拙相去远矣。今以国位为车，以势为马，以号令为辔，以刑罚为鞭策，使尧、舜御之则天下治，桀、纣御之则天下乱，则贤不肖相去远矣。夫欲追速致远，不知任王良；欲进利除害，不知任贤能，此则不知类之患也[14]。夫尧、舜亦治民之王良也。

复应之曰[15]：其人以势为足恃以治官[16]；客曰"必待贤乃治"，则不然矣。夫势者，名一而变无数者也[17]。势必于自然，则无为言于势矣。吾所为言势者，言人之所设也。夫尧、舜生而在上位，虽有十桀、纣不能乱者，则势治也；桀、纣亦生而在上位，虽有十尧、舜而亦不能治者，则势乱也。故曰："势治者则不可乱，而势乱者则不可治也。"此自然之势也，非人之所得设也。若吾所言，谓人之所得设也而已矣，贤何事焉[18]？何以明其然也？客曰："人有鬻矛与楯者，誉其楯之坚，'物莫能陷也'，俄而又誉其矛曰：'吾矛之利，物无不陷也。'人应之曰：'以子之矛，陷子之楯，何如？'其人弗能应也。以为不可陷之楯，与无不陷之矛，为名不可两立也。夫贤之为道不可禁，而势之为道也无不禁，以不可禁之贤与无不禁之势，此矛楯之说也。夫贤势之不相容亦明矣。

且夫尧、舜、桀、纣千世而一出，是比肩随踵而生也[19]。世之治者不绝于中[20]，吾所以为言势者，中也。中者，上不及尧、舜，而下亦不为桀、纣。抱法处势则治，背法去势则乱。今废势背法而待尧、舜，尧、舜至乃治，是千世乱而一治也。抱法处势而待桀、纣，桀、纣至乃乱，是千世治而一乱也。且夫治千而乱一，与治一而乱千也，是犹乘骥、騄而分驰也[21]，相去亦远矣。夫弃隐括之法[22]，去度量之数，使奚仲为车[23]，不能成一轮。无庆赏之劝[24]，刑罚之威，释势委法[25]，尧、舜户说而人辨之[26]，不能治三家。夫势之足用亦明矣，而曰'必待贤'，则亦不然矣。

【注释】

[1] 难势:关于"势"的论难。
[2] 慎子:慎到,战国时早期法家。
[3] 腾蛇:传说中一种能飞的蛇。
[4] 霁:雨止天晴。这里指雾消散。
[5] 螾螘:即蚓蚁。
[6] 诎:屈服。
[7] 服於贤者:使贤者服从。
[8] 弩弱而矢高:弓很弱而射的箭很高。
[9] 激於风:为风力所激。
[10] 于隶属:指处于下位。
[11] 应:回答。这是儒家对慎到的反驳。
[12] 臧获:奴婢。
[13] 王良:古代有名的驭者。
[14] 类:类推。
[15] 复应之:这是韩非对儒家的反驳。
[16] 其人:指慎到。
[17] 名一而变无数:即下面所说的"自然之势"和"人设之势"。
[18] 贤何事:和贤有什么关系。
[19] "是"下当有"非"字。比肩随踵:形容人多。比:并。踵:脚后跟。
[20] 世上的统治者绝大多数是中等人。
[21] 乘骥、騄(ěr)而分驰:意谓相距极远。騄:好马。
[22] 隐括:用以矫正邪曲的器具。
[23] 奚仲:相传是车的发明者。
[24] 庆赏:赏赐。
[25] 释、委:都是放弃。
[26] 户说而人辨:每家去劝说,和每个人论辩。辨:通"辩"。

## （四）过秦论

贾　谊

**【作者简介】**　贾谊（公元前201～公元前169年），洛阳（今河南洛阳市）人。汉文帝时任博士，升太中大夫，后出任梁怀王太傅。是汉代有名的政论家和辞赋家。后人将他的政论文编在一起，名《新书》。

**【阅读提示】**　《过秦论》是批评秦的，但文章从秦的发展和强大说起。秦国经过了六代的发展，到秦始皇吞并六国，一统天下，威势赫赫，不可一世。但"氓隶之人、迁徙之徒"揭竿而起，秦帝国就顷刻覆没。为什么秦王朝那么短命？贾谊作了历史的总结："仁义不施而攻守之势异也。"原来，建立在强权理论基础上的帝国并不牢固。用法家思想治国行不行？历史已经作了回答。

秦孝公据殽函之固[1]，拥雍州之地[2]，君臣固守而窥周室，有席卷天下，包举宇内，囊括四海之意，并吞八荒之心[3]。当是时，商君佐之[4]，内立法度，务耕织，修守战之备，外连衡而斗诸侯[5]，于是秦人拱手而取西河之外[6]。

孝公既没，惠文、武、昭蒙故业，因遗册[7]，南兼汉中，西举巴、蜀[8]，东割膏腴之地，收要害之郡。诸侯恐惧，会盟而谋弱秦，不爱珍器重宝肥美之地，以致天下之士，合从缔交[9]，相与为一。当是时，齐有孟尝，赵有平原，楚有春申，魏有信陵[10]。此四君者，皆明知而忠信，宽厚而爱人，尊贤重士，约从离衡[11]，兼韩、魏、燕、楚、齐、赵、宋、卫、中山之众[12]。于是六国之士有宁越、徐尚、苏秦、杜赫之属为之谋[13]，齐明、周最、陈轸、昭滑、楼缓、翟景、苏厉、乐毅之徒通其意[14]，吴起、孙膑、带佗、兒良、王廖、田忌、廉颇、赵奢之朋制其兵[15]。尝以十倍之地,百万之众,叩关而攻秦[16]。秦人开关延敌,九国之师逡巡遁逃而不敢进[17]。秦无亡矢遗镞之费,而天下诸侯已困矣。于是从散约解,争割地而奉秦。秦有余力而制其敝,追亡逐北,伏尸百万,流血漂卤[18]。因利乘便,宰割天下,分裂河山,彊国请服,弱国入朝。延及孝文王、庄襄王,享国日浅,国家无事[19]。

及至秦王,续六世之余烈[20],振长策而御宇内,吞二周而亡诸侯[21],履至尊而制六合,执搥拊以鞭笞天下[22],威振四海。南取百越之地,以为桂林、象郡[23],百越之君俯首系颈,委命下吏[24]。乃使蒙恬北筑长城而守藩篱,却匈奴七百余里[25],胡人不敢南下而牧马,士不敢弯弓而报怨。于是废先王之道,焚百家之言,以愚黔首[26]。堕名城[27],杀豪俊,收天下之兵聚之咸阳[28],销锋铸镰,以为金人十二[29],以弱黔首之民。然后斩华为城,因河为津[30],据亿丈之城,临不测之谿以为固。良将劲弩守要害之处,信臣精卒陈利兵而谁何[31]。天下以定,秦王之心,自以为关中之固[32],金城千里,子孙帝王万世之业也。

秦王既没,余威振于殊俗[33]。陈涉,瓮牖绳枢之子[34],氓隶之人,而迁徙之徒[35],才能不及中人,非有仲尼、墨翟之贤[36],陶朱、猗顿之富[37],蹑足行伍之间,而倔起什伯之中[38],率罢散之卒,将数百之众,而转攻秦。斩木为兵,揭竿为旗[39],天下云集响应,嬴粮而景从[40],山东豪俊遂并起而亡秦族矣[41]。

且夫天下非小弱也,雍州之地,殽函之固自若也。陈涉之位,非尊于齐、楚、燕、赵、韩、魏、宋、卫、中山之君;且鉏櫌棘矜,非铦于句戟长铩也[42];適戍之众[43],非抗于九国之师;深谋远虑,行军用兵之道,非及乡时之士也[44]。然而成败异变,功业相反也。试使山东之国与陈涉度长絜大[45],比权量力,则不可同年而语矣。然秦以区区之地,千乘之权[46],招八州而朝同列[47],百有余年矣。然后以六合为家,殽函为宫,一夫作难而七庙堕[48],身死人手[49],为天下笑者,何也?仁义不施而攻守之势异也。

【注释】

[1] 秦孝公:前361年至338年在位。他任用商鞅,实行变法,使秦成为强国,为秦始皇统一中国奠定了基础。殽:又写作"崤",山名,在今河南省西部。函:指函谷关,在今河南灵宝东北。

[2] 雍州:古九州之一。这里指秦国当时的主要地区,相当于今陕西东部、北部及甘肃部分地区。

[3] 包举:用布包把东西收起来。举,收取。囊括:用口袋把东西装起来。

[4] 商君:见143页注[1]。

[5] 连衡:也作"连横",指西方的秦国分别同东方的魏、韩、赵、燕、齐、楚等国订立盟约,以期利用六国的矛盾而各个击破的策略。

[6] 拱手:两手合抱。这里是轻而易举的意思。西河:指当时秦魏交界的黄河西岸地区,原属魏国。

[7] 惠文:秦孝公之子,又称惠王。武:秦惠文王之子秦武王。昭:秦武王的异母弟秦昭襄王,又称昭王。蒙故业,因遗册:继承前辈的功业,沿袭原有的策略。册:通"策"。

[8] 汉中:今陕西汉中一带。巴蜀:两个国名,都在今四川。

[9] 合从:即"合纵",指东方六国南北联合,共同抗秦的策略。

[10] 孟尝:见124页注[1]。平原:平原君赵胜,赵惠文王之弟。

春申：春申君黄歇，曾任楚国的令尹。信陵：信陵君魏无忌，魏安釐王的异母弟。

[11] 约从离横：相约"合纵"，拆散秦国的"连横"。

[12] 兼：聚合。一本于"燕"下无"楚、齐"二字。

[13] 宁越：赵国人。徐尚：宋国人。苏秦：东周洛阳人，主张合纵抗秦的代表人物。杜赫：周人。

[14] 齐明：东周臣。周最：东周君的儿子。陈轸：楚国人。召滑：楚国臣。楼缓：赵国人，曾任魏相。翟景：魏国人。苏厉：苏秦之弟。乐毅：中山国人，曾任燕昭王的亚卿。

[15] 吴起：卫国人，战国前期著名军事家。孙膑：齐国人，战国中期著名军事家。带佗：楚将。兒良、王廖：两人都是军事家。兒，通"倪"。田忌：齐国大将。廉颇、赵奢：两人都是赵国名将。

[16] 叩关：这里是直攻函谷关的意思。齐、燕、韩、赵、魏等五国，曾于前318年进攻秦国，楚、赵、韩、燕、魏等五国，曾于前241年进攻秦国，两次联合进攻均遭失败。

[17] 延：延纳。逡(qūn)巡：犹豫不前。

[18] 卤：盾。

[19] 孝文王：秦昭襄王的独生子，即位三天就死了。庄襄王：秦孝文王的儿子，在位三年。享国日浅：指在位时间很短。

[20] 秦王：指秦王政。六世：指孝公、惠文王、武王、昭襄王、孝文王、庄襄王。余烈：遗留下来的辉煌功业。

[21] 振：挥动。策：马鞭。二周：战国时两个小国：西周、东周。西周建都河南（今河南洛阳西），东周建都在巩（今河南巩县），分别在前256年、前249年为秦所灭。

[22] 履至尊：登上帝位。六合：天地和四方，这里泛指天下。捶拊：棍子。一本作"敲朴"。鞭笞(chī)：鞭子、竹板。这里是鞭打的意思。

[23] 百越:当时居住在我国东南地区各个越族部落的总称。桂林:郡名,在今广西僮族自治区北部。象郡:郡名,在今广西僮族自治区南部及其以南、以西部分地区。

[24] 委命:把性命交出去,任凭处置。下吏:低级官吏。

[25] 蒙恬(tián):秦始皇的主要将领。前214年,秦始皇派他率军队三十万人,渡黄河北逐匈奴,修筑长城。藩篱:篱笆,屏障。

[26] 焚百家之言:指前213年,秦始皇下令烧毁儒家经典、各国史记和诸子书。黔(qián)首:百姓。

[27] 堕:通隳(huī)。毁坏。

[28] 兵:兵器。咸阳:秦朝的都城(在今陕西咸阳市东北)。

[29] 镶(jù):乐器。一本作"销锋镝,铸以为金人十二"。

[30] 斩:一本作"践"。华:华山(在今陕西华阴西南)。城:城墙。河:黄河。津:渡口。

[31] 谁何:呵问是谁,即盘问。何:通"呵"。

[32] 关中:指自函谷关以西,战国时期秦国所占的地域。

[33] 殊俗:不同的风俗,指边远地区。

[34] 瓮(wèng)牖(yǒu):以瓮为牖(窗户)。绳枢:以绳拴枢(门轴)。形容住处简陋。

[35] 氓隶:指低贱的百姓。迁徙:指前209年陈涉等被征发到渔阳(在今北京密云西南)守边的事情。

[36] 仲尼:即孔丘。墨翟:墨子。

[37] 陶朱:即范蠡。春秋末年越国大夫,因弃官到陶(在今山东定陶西北)地经商成为巨富,号陶朱公。猗顿:春秋时鲁国人,在猗氏(在今山西临猗南)经营盐业(一说畜牧牛羊),成为巨富。

[38] 蹑(niè)足:踏足,指参加。行伍:军队,军队的行列。倔起:奋起。一作"俛起"。什伯:十人百人,指普通人。一作"阡陌"。

[39] 揭：举。
[40] 云集：像云一样聚集。赢：肩挑、背负。粮：干粮。景(yǐng)从：像影子跟着形体似的跟从。景，通"影"。
[41] 山东：崤山以东，指东方六国。秦族：秦氏，指秦王朝。
[42] 鉏：同"锄"。櫌(yōu)：平整土地的一种农具。棘矜：枣木棍。铦(xiān)：锋利。句(gōu)戟：带钩的戟。铩(shā)：大矛。
[43] 適(zhé)戍之众：指陈涉、吴广带领的九百戍卒。適：后来写作"谪"。
[44] 乡(xiàng)时之士：指上文说的宁越、徐尚等六国之士。乡：从前。
[45] 絜(xié)：比。
[46] 千乘：周制诸侯地方百里，有兵车千乘。
[47] 招：招来。八州：相传古代分中国为九州，这里指除秦所占雍州之外的全国土地。朝同列：使原与秦处于同等地位的诸侯国向秦朝拜。
[48] 作难：发难，奋起反抗。七庙：天子宗庙。周制，天子宗庙奉祀七代祖先。堕(huī)：毁。
[49] 身死人手：这里指秦二世被赵高杀死，子婴被项羽杀死。

# 第十八单元

佛教从东汉传入中国以后,对中国的思想文化产生了极大的影响。要了解东汉以后的中国文化,不可不了解一点佛教的思想。佛教有许多不同的派别,其中影响最大的是中国化的佛教——禅宗。本单元的(一)、(二)两篇介绍禅宗的思想,(三)、(四)两篇说明佛教对中国古代文学的影响。

# （一）东土始祖（节选）

《五灯会元》

【作品简介】 《五灯会元》二十卷，宋释普济编纂。宋代有《景德传灯录》等五部"传灯录"（佛教认为以法传人，如同灯火相传，所以称为"传灯录"），都是禅宗历代传法机缘的记载，各三十卷。普济汇集这五部传灯录，删成二十卷。

【阅提提示】 禅宗把印度来的达摩尊为始祖。在这篇短文中，反映出禅宗思想的一些特点。禅宗是"不立文字，教外别传"，它不看重"造寺写经度僧"等形式上的做法，而是主张"以心证心"，像慧可那样连言语也不用，以心领悟佛法，最得达摩赏识。达摩所说的"一念回机，便同本得"，就是禅宗主张的"顿悟"。

祖泛重溟[1]，凡三周寒暑，达于南海，实梁普通七年丙午岁九月二十一日也。广州刺史萧昂具主礼迎接，表闻武帝。帝览奏，遣使赍诏迎请，当大通元年丁未岁也。十月一日至金陵。帝问曰："朕即位已来，造寺写经度僧不可胜纪，有何功德？"祖曰："并无功德。"帝曰："何以无功德？"祖曰："此但人天小果[2]，有漏之因[3]，如影随形，虽有非实。"帝曰："如何是真功德？"祖曰："净智妙圆，体自空寂，如是功德，不以世求。"帝又问："如何是圣谛第一义[4]？"祖曰："廓然无圣。"帝曰："对朕者谁？"祖曰："不识。"帝不领悟。祖知机不契，是月十九日，潜回江北。十一月二十三日，届于洛阳，当魏孝明帝孝昌三年也。寓止于嵩山少林寺，面壁而坐，终日默然。人莫之测，谓之壁观婆罗门。

时有僧神光者，旷达之士也。久居伊洛，博览群书，善谈玄理。每叹曰："孔老之教，礼术风规[5]，庄易之书，未尽妙理。近闻达磨大士住止少林,至人不遥,当造玄境。"乃往彼,晨夕参承[6]。祖常端坐面壁,莫闻诲劝,光自惟曰:"昔人求道,敲骨取髓,刺血济饥,布发掩泥,投崖饲虎,古尚若此,我又何人?"其年十二月九日夜,天大雨雪。光坚立不动,迟明积雪过膝[7]。祖悯而问曰:"汝久立雪中,当求何事?"光悲泪曰:"惟愿和尚慈悲,开甘露门,广度群品。"祖曰:"诸佛无上妙道,旷劫精勤[8],难行能行,非忍而忍。岂以小德小智,轻心慢心,欲冀真乘[9],徒劳勤苦。"光闻祖诲励,潜取利刀,自断左臂,置于祖前。祖知是法器,乃曰:"诸佛最初求道,为法忘形,汝今断臂吾前,求亦可在。"祖遂因与易名曰慧可。可曰:"诸佛法印[10],可得闻乎?"祖曰:"诸佛法印,匪从人得。"可曰:"我心未宁,乞师与安。"祖曰:"将心来,与汝安。"可良久曰:"觅心了不可得。"祖曰:"我与汝安心竟。"越九年,欲返天竺,命门人曰:"时将至矣,汝等盍各言所得乎[11]?"时有道副对曰:"如我所见,不执文字,不离文字,而为道用。"祖曰:"汝得吾皮。"尼总持曰:"我今所解,如庆喜见阿閦佛国[12],一见更不再见。"祖曰:"汝得吾肉。"道育曰:"四大本空[13],五阴非有[14],而我见处,无一法可得。"祖曰:"汝得吾骨。"最后慧可礼拜,依位而立。祖曰:"汝得吾髓。"乃顾慧可而告之曰:"昔如来以正法眼付迦叶大士[15],展转嘱累,而至于我。我今付汝,汝当护持。并授汝袈裟,以为法信[16]。各有所表,宜可知矣。"可曰:"请师指陈。"祖曰:"内传法印,以契证心;外付袈裟,以定宗旨。后代浇薄,疑虑竞生,云吾西天之人,言汝此方之子,凭何得法?以何证之?汝今受此衣法,却后难生,但出此衣并吾法偈,用以表明其化无碍。至吾灭后二百年,衣止不传,法周沙界。明道者多,行道者少。说理者多,通理者少。潜符密证,千万有余。汝当阐扬,勿轻未悟。一念回机,便同本得。听吾偈曰[17]:'吾本来兹土,传法救迷情。一花开五叶[18],结果自然成。'"

【注释】

[1] 祖:指达摩。佛教禅宗尊达摩为"东土始祖"。
[2] 人天小果:指在六道轮回中得人天果报。"六道"指地狱、鬼、畜生、阿修罗、人、天。
[3] 有漏之因:含有烦恼的事物叫"有漏"。招致三界果报的业因叫"有漏之因"。
[4] 圣谛:佛教所说的神圣真理。
[5] 风规:等于说规范、准则。
[6] 参承:参拜伺候。
[7] 迟明:黎明。
[8] 旷劫:非常长的时期。佛教以一千六百八十万年为一小劫,以十三万四千四百万年为一大劫。
[9] 真乘:真实的教法。
[10] 法印:指佛法。佛法真实而不变动,故称"法印"。
[11] 盍(hé):"何不"的合音。
[12] 阿閦(chù)佛:汉译为"无嗔恚佛",住在东方的香积世界。
[13] 四大:佛教认为构成世界的四种元素地水火风。
[14] 五阴:佛教名词,也称"五蕴",指构成人和万物的五种类别:色、受、想、行、识。
[15] 如来:指佛教的创始人释迦牟尼。正法眼:能照见一切法门的智慧。迦叶:释迦牟尼的大弟子。
[16] 法信:传法的符信。
[17] 偈(jì):梵语"偈陀"的省译,佛经中的唱词或佛教阐述教义的韵语。
[18] 指后来禅宗分成五个支派:沩仰宗、临济宗、曹洞宗、云门宗、法眼宗。

## （二）惠能与神秀

《六祖坛经》

**【作品简介】**《六祖坛经》是禅宗的六祖慧能言行的记录。慧能（公元638～713年）俗姓卢，三十多岁时到禅宗五祖弘忍门下。弘忍对他极为赏识，给他密授袈裟，成为禅宗六祖。其门人法海等把他的说法记录下来，称为《六祖坛经》。在众多的佛经中，只有这一本经是中国僧人所作的。

**【阅读提示】** 六祖慧能是禅宗真正的创立者。他和神秀的分歧在于：神秀主张"时时勤拂拭，莫使有尘埃"，就是要通过不断的修炼，而证得佛心（渐悟）。而慧能主张"佛性常清净，何处有尘埃？"认为人心即佛心，一旦除去迷误，即可成佛（顿悟）。神秀的学说通行于北方，称为"北宗"，慧能的学说通行于南方，称为"南宗"。后来"北宗"逐渐衰微，"南宗"风靡全国。

　　惠能幼小，父又早亡，老母孤遗，移来南海，艰辛贫乏，于市卖柴。忽有一客买柴，遂令惠能送至于官店。客将柴去，惠能得钱，却向门前，忽见一客读《金刚经》，惠能一闻，心明便悟，乃问客曰："从何处来持此经典？"客答曰："我于蕲州黄梅县东冯墓山礼拜五祖弘忍和尚，见今在彼，门人有千余众。我于彼听见大师劝道俗：但持《金刚经》一卷，即得见性，直了成佛。"惠能闻说，宿业有缘，便即辞亲，往黄梅冯墓山礼拜五祖弘忍和尚。

　　弘忍和尚问惠能曰："汝何方人？来此山礼拜吾，汝今向吾边复求何物？"惠能答曰："弟子是岭南人，新州百姓，今故远来礼拜和尚，不求余事，唯求作佛。"大师遂责惠能曰："汝是岭南人，又是獦獠[2]，若为堪作佛[3]！"惠能答曰："人即有南北，佛性即无南北,獦獠身与和尚不同,佛性有何差别!"大师欲更共语,见左右在傍边,大师更不言。遂发遣惠能令随众作务。时有一行者[4],遂遣惠能于碓房踏碓八个余月[5]。

五祖忽于一日唤门人尽来,门人集讫,五祖曰:"吾向汝说,世人生死事大,汝等门人,终日供养,只求福田[6],不求出离生死苦海。汝等自性若迷,福田何可救汝?汝总且归房自看,有智惠者,自取本性般若之知[7],各作一偈呈吾,吾看汝偈,若悟大意者,付汝衣法,禀为六代。火急急!"

门人得处分,却来各至自房,递相谓言:"我等不须澄心用意作偈,将呈和尚。神秀上座是教授师,秀上座得法后,自可依止,偈不用作。"诸人息心,尽不敢呈偈。时大师堂前有三间房廊,于此廊下供养,欲画楞伽变相[8],并画五祖大师传授衣法流行后代为记。画人卢珍看壁了,明日下手。

上座神秀思惟:"诸人不呈心偈,缘我为教授师。我若不呈心偈,五祖如何见得我心中见解深浅。我将心偈上五祖呈意求法即善,觅祖不善,却同凡心夺其圣位[9]。若不呈心偈,终不得法。"良久思惟,甚难甚难。夜至三更,不令人见,遂向南廊下中间壁上题作呈心偈,欲求于法。"若五祖见偈,言此偈语,若访觅我,我宿业障重,不合得法,圣意难测。我心自息。[10]"秀上座三更于南廊下中间壁上秉烛题作偈,人尽不知。偈曰:"身是菩提树,心如明镜台,时时勤拂拭,莫使有尘埃。"

神秀上座题此偈毕归卧房,并无人见。五祖平旦遂唤卢供奉来南廊下画楞伽变相,五祖忽见此偈,请记[11],乃谓供奉曰:"弘忍与供奉钱三十千,深劳远来,不画变相了。《金刚经》云:'凡有所相,皆是虚妄。'不如留此偈令迷人诵。依此修行,不堕三恶道[12]。依法修行人,有大利益。"大师遂唤门人尽来,焚香偈前,令众人见,皆生敬心。"汝等尽诵此偈者,方得见心,依此修行,即不堕落。"门人尽诵,皆生敬心,唤言"善哉!"

五祖遂唤秀上座于堂内,问:"是汝作偈否?若是汝作,应得我法。"秀上座言:"罪过!实是秀作。不敢求祖,愿和尚慈悲,看弟子有小智惠、识大意否?"五祖曰:"汝作此偈,见即未到,只到门前,尚未得入。凡夫依此偈修行,即不堕落;作此见解,若觅无上菩提[13],即未可得。须入得门,见自本性。汝且去,一两日来思惟,更作一偈来呈吾,若入得门,见自本性,当付汝衣法。"秀上座去数日,作不得。

有一童子碓房边过,唱诵此偈,惠能一闻,知未见性,即识大意。能问童子:"适来诵者是何言偈?"童子答能曰:"你不知大师言:生死事大,欲传于法,令门人等各作一偈来吾看,悟大意,即付衣法,禀为六代祖。有一上座名神秀,忽于南廊下书无相偈一首,五祖令诸门人尽诵,悟此偈者,即自见性,依此修行,即得出离。"惠能答曰:"我在此踏碓八个余月,未至堂前,望上人引惠能至南廊下,见此偈礼拜,亦愿诵取,结来生缘,愿生佛地。"童子引能至南廊下,能即礼拜此偈。为不识字,请一人读。惠能闻已,即识大意。惠能亦作一偈,又请得一解书人于西间壁上题着,呈自本心。不识本心,学法无益;识心见法,即悟大意。惠能偈曰:"菩提本无树,明镜亦非台;佛性常清净[14],何处有尘埃?"又偈曰:"心是菩提树,身为明镜台,明镜本清净,何处染尘埃[15]!"院中徒众见能作此偈尽怪。惠能却入碓房。五祖忽见惠能偈,即善知识大意[16]。恐众人知,五祖乃谓众人曰:"此亦未得了。"

五祖夜至三更,唤惠能堂内说《金刚经》,惠能一闻,言下便悟。其夜受法,人尽不知,便传顿法及衣:"汝为六代祖,衣将为信禀,代代相传[17];法以心传心,当令自悟。"五祖言:"惠能!自古传法,气如悬丝[18],若住此间,有人害汝,汝即须速去。"

【注释】

[1]　六祖：指慧能。佛教禅宗传法的世系是：菩提达摩、慧可、僧璨、道信、弘忍、慧能，故称慧能为六祖。
[2]　獦獠(gé liáo)：对南方人的蔑称。
[3]　若为：如何。
[4]　行者：入寺而尚未落发为僧，承担劳役的人。
[5]　碓(duì)：舂谷米等的器具。
[6]　福田：佛教用语。谓供养佛法僧三宝，可以生福，犹如田地可生五谷，因称之为福田。
[7]　般若：佛教用语，梵文音译，意为"智慧"。
[8]　楞伽变相："变相"指根据佛经画成的图画，楞伽变相即表现佛说楞伽经的图画。
[9]　"我将……圣位"三句：意思是说：我把偈呈上求法虽好，但以此求六祖之位却不好，因为这就是以凡愚之心夺取圣位。
[10]　"若五祖……自息"几句：中间疑有脱文。一本作"秀乃思惟：不如向廊下书着，从他和尚看见，忽若道好，即出顶礼，云是秀作；若道不堪，枉向山中数年，受人礼拜，更修何道！"
[11]　请记：一本作"记讫"。
[12]　三恶道：六道轮回中的饿鬼、畜生、地狱三道。
[13]　菩提：觉悟的智慧。
[14]　佛性常清净：一本作"本来无一物"。
[15]　或谓此偈为衍文。
[16]　善知识大意："识"为衍文。
[17]　代代相传：一本作"止汝勿传"。
[18]　气：一本作"命"。

## （三）枕中记

沈既济

【作者简介】 唐代的文言小说称为"传奇",沈既济是重要的传奇作家之一。他是德清(今浙江德清县)人,唐德宗时做过史馆修撰。

【阅读提示】 佛教宣扬"人生如梦"。《金刚经》:"一切有为法,如梦幻泡影,如露复如电,应作如是观。"这篇小说显然就是这种佛教思想的图解。这篇小说也收在《太平广记》中,题为《吕翁》。本篇"主人方蒸黍"一句,《吕翁》作"主人蒸黄粱为馔"。所以通常把这个故事称为"黄粱梦"。明代剧作家汤显祖据此作《邯郸记》。

　　开元七年[1],道士有吕翁者,得神仙术,行邯郸道中,息邸舍[2],摄帽弛带,隐囊而坐[3]。俄见旅中少年,乃卢生也。衣短褐,乘青驹,将适于田[4],亦止于邸中,与翁共席而坐,言笑殊畅。久之,卢生顾其衣装敝亵,乃长叹息曰:"大丈夫生世不谐,困如是也!"翁曰:"观子形体,无苦无恙,谈谐方适,而叹其困者,何也?"生曰:"吾此苟生耳。何适之谓?"翁曰:"此不谓适,而何谓适?"答曰:"士之生世,当建功树名,出将入相,列鼎而食,选声而听[5],使族益昌而家益肥,然后可以言适乎。吾尝志于学,富于游艺[6],自惟当年青紫可拾[7]。今已适壮,犹勤畎亩[8],非困而何?"言讫,而目昏思寐。时主人方蒸黍[9]。翁乃探囊中枕以授之,曰:"子枕吾枕,当令子荣适如志。"其枕青瓷,而窍其两端。生俯首就之,见其窍渐大,明朗。乃举身而入,遂至其家。数月,娶清河崔氏女[10]。女容甚丽,生资愈厚。生大悦,由是衣装服驭,日益鲜盛。明年,举进士,登第[11];释褐秘校[12];应制[13],转渭南尉[14];俄迁监察御史[15];转起居舍人,知制诰[16]。三载,出典同州[17],迁陕牧[18]。生性好土功,自陕西凿河八十里,以济不通,邦人利之,刻石纪德。移节汴州[19],领河南道采访使[20],征为京兆尹[21]。是岁,神武皇帝方事戎狄,恢宏土宇[22]。会吐蕃悉抹逻及烛龙莽布支攻陷瓜沙[23],而节度使王君㚟新被杀,河湟震动[24]。帝思将帅之才,遂除生御史中丞,河西道节度[25]。大破戎虏,斩首七千级,开地九百里,筑三大城以遮要害[26]。边人立石于居延山以颂之[27]。归朝册勋,恩礼极盛。转吏部侍郎[28],迁户部尚书兼御史大夫[29]。时望清重,群情翕习[30]。大为时宰所忌,以飞语中之,贬为端州刺史[31]。三年,征为常侍[32]。未几,同中书门下平章事[33]。与萧中令嵩,裴侍中光庭同执大政十余年[34],嘉谟密令[35],一日三接,献替启沃[36],号为贤相。同列害之,复诬与边将交结,所图不轨。制下狱[37]。府吏引从至其门而急收之。生惶骇不测,谓妻子曰:"吾家山东,有良田五顷,足以御寒馁,何苦求禄?而今及此,思衣短褐,乘青驹,行邯郸道中,不可得也。"引刃自刎。其妻救之,获免。其罹者皆死[38],独生为中官保之[39],减罪死,投驩州[40]。数年,帝知冤,复追为中书令,封燕国公,恩旨殊异。生五子:曰俭,曰传,曰位,曰倜,曰倚,皆有才器。俭进士登第,为考功员外[41];传为侍御史[42];位为太常丞[43];倜为万年尉;倚最贤,年二十八,为左襄[44]。其姻媾皆天下望族。有孙十余人。两窜荒徼,再登台铉[45],出入中外,徊翔台阁[46],五十余年,崇盛赫奕。性颇奢荡,甚好佚乐,后庭声色,皆第一绮丽。前后赐良田、甲第、佳人、名马,不可胜数。后年渐衰迈,屡乞骸骨[47],不许。病,中人候问,相踵于道,名医上药,无不至焉。将殁,上疏曰:"臣本山东诸生,以田圃为娱。偶逢圣运,得列官叙。过蒙殊奖,特秩鸿私[48],出拥节旌,入升台辅[49]。

277

周旋中外,绵历岁时。有忝天恩,无裨圣化。负乘贻寇,履薄增忧[50],日惧一日,不知老至。今年逾八十,位极三事[51],钟漏并歇,筋骸俱耄[52],弥留沉顿,待时益尽[53]。顾无成效,上答休明[54],空负深恩,永辞圣代。无任感恋之至。谨奉表陈谢。"诏曰:"卿以俊德,作朕元辅[55]。出拥藩翰,入赞雍熙[56]。升平二纪,实卿所赖[57]。比婴疾疹,日谓痊平[58]。岂斯沉痼,良用悯恻[59]。今令骠骑大将军高力士就第候省[60]。其勉加针石[61],为予自爱。犹冀无妄,期于有瘳[62]。"是夕,薨。卢生欠伸而悟,见其身方偃于邸舍,吕翁坐其傍,主人蒸黍未熟,触类如故[63]。生蹶然而兴[64],曰:"岂其梦寐也?"翁谓生曰:"人生之适,亦如是矣。"生怃然良久,谢曰:"夫宠辱之道,穷达之运,得丧之理,死生之情,尽知之矣。此先生所以窒吾欲也[65]。敢不受教。"稽首再拜而去。

【注释】

[1] 开元:唐玄宗年号。
[2] 邸舍:旅店。
[3] 隐:靠着。囊:一种用来倚凭的软囊,类似今之靠垫。
[4] 适于田:到田里去。
[5] 选声:选择优美的音乐。
[6] 游艺:原意是修习学问或技艺,这里指学问、技艺。
[7] 青紫可拾:很容易得到高官。
[8] 畎(quǎn)亩:田亩。
[9] 黍:粘黄米。
[10] 清河崔氏:唐代清河崔氏是望族。
[11] 举进士,登第:应举参加进士科考试,考中了。
[12] 释褐:指进入仕途。秘校:秘书省校书郎。

- [13] 应制:参加制科举。"制科举"是皇帝主持的考试。
- [14] 转:转官。渭南尉:渭南县的县尉。
- [15] 迁:升官。监察御史:监察官。
- [16] 起居舍人:作起居注的官员。"起居注"是为皇帝作的记录。知制诰:主管为皇帝起草圣旨。
- [17] 出:指由朝廷出为地方官。典同州:指任同州刺史。典:主管。
- [18] 牧:汉代州的长官。这里也指刺史。
- [19] 移节:指大官移任他处。
- [20] 领:高官兼任低职。道:唐代的行政区划,全国分为若干道,道下是州。采访使:道的官员。
- [21] 征:征用。京兆尹:京兆(京城地区)的长官。
- [22] 神武皇帝:指唐玄宗。恢宏土宇:扩大疆土。
- [23] 吐蕃:藏族的古称。悉抹逻:烛龙:莽布支:
- [24] 河湟:黄河和湟水(今西宁河)之间的地区。
- [25] 御史中丞:御史台的副长官。唐代节度使常带御史中丞之衔。节度:节度使。
- [26] 遮:指防御。要害:要地。
- [27] 居延山:在今内蒙额济纳旗。
- [28] 吏部侍郎:吏部的副长官。
- [29] 户部尚书:户部的长官。御史大夫:御史台的长官。
- [30] 翕习:和谐。
- [31] 飞语:流言蜚语。
- [32] 常侍:皇帝的近侍。
- [33] 同中书门下平章事:唐代的执政大臣,即通常所说的宰相。
- [34] 中令:中书令。中书省的长官。侍中:皇帝的近侍。
- [35] 嘉谟:好的谋略。谟:义同"谋"。
- [36] 献替:献可替否。见本书第九单元(一)《和而不同》。启沃:

指大臣启发帝王。伪古文《尚书·说命》："启乃心,沃朕心。"
[37] 制:皇帝的命令。
[38] 罹者:遭祸者。罹:遭。
[39] 中官:宦官。
[40] 投:指流放。驩州:在今越南北。据传舜流放驩兜(四凶之一)于崇山,即此。
[41] 考功员外:吏部考工司的官员。
[42] 侍御史:监察官。
[43] 太常丞:太常寺的官员。
[44] 左襄:指中书令。
[45] 窜荒徼:指被贬到边远地区。台铉:即"台鼎"。指宰相的地位。
[46] 中外:指朝廷和地方。台阁:指中枢机构。
[47] 乞骸骨:古代官员告老称"乞骸骨"。
[48] 秩:受职。鸿私:鸿恩。
[49] 拥节旌:指任节度使。台辅:指宰相。
[50] 负乘贻寇:语见《易·解》："负且乘,致寇至。"意思是负他人之物且在车乘上炫耀,因而导致寇至。指居非其位,而招致祸患。履薄:如履薄冰。
[51] 三事:三公。
[52] 钟漏并歇:比喻生命即将结束。耄(mào):老。
[53] 弥留:重病濒死。沉顿:等于说"沉绵"。
[54] 顾:自惟。休明:美好清明。
[55] 元辅:重臣,指宰相。
[56] 藩翰:指捍卫王室的重臣。语出《诗·大雅·板》："价人维藩,……大宗维翰。"赞:辅佐。雍熙:和乐升平。
[57] 二纪:十二年为一纪。
[58] 比:近来。婴疾疹(zhěn):患病。日谓痊平:每天都以为(你)

可以痊愈。

[59] 岂斯沉痼：哪里料到病情如此沉重顽固。
[60] 就：至。第：府第。候省：问候探视。
[61] 针石：针灸用的石针。这里泛指治疗。
[62] 冀：希望。无妄：无灾祸。有瘳(chōu)：病愈。
[63] 触类：各种东西。
[64] 蹶然：很快起来的样子。兴：起来。
[65] 窒：指抑制。

## （四）前赤壁赋

苏 轼

**【作家简介】** 苏轼(公元1037～1101年)，字子瞻，号东坡居士，眉州眉山(今四川眉山县)人。曾任杭州、密州、徐州等地的地方官，因反对新法，被贬为黄州团练副使，后又被贬至惠州、儋州。苏轼是宋代著名的文学家、书法家，在散文、诗、词、书法等方面都有很高的成就。有《东坡全集》、《东坡志林》。

**【阅读提示】** 为什么说这篇名作也是受佛教思想的影响呢？这篇赋实际上是作者思想矛盾的表达：一方面，是"人生短暂"的苦恼，另一方面，力求从这种苦恼中解脱。前一方面，是中国的文人自古就有的，但显然也受了佛教思想的影响；在苏轼的作品中不止一次地说过"人生如梦"。后一方面，苏轼用来解脱自己的，是"变"与"不变"的观念，而这也是受佛教思想的影响(详见注释[28])。可见佛教对中国文化影响之大。

　　壬戌之秋，七月既望[1]，苏子与客泛舟游于赤壁之下[2]。清风徐来，水波不兴。举酒属客[3]，诵明月之诗，歌窈窕之章[4]。少焉，月出于东山之上，徘徊于斗牛之间[5]。白露横江[6]，水光接天。纵一苇之所如，凌万顷之茫然[7]。浩浩乎如冯虚御风[8]，而不知其所止；飘飘乎如遗世独立，羽化而登仙[9]。于是饮酒乐甚，扣舷而歌之[10]。歌曰："桂棹兮兰桨，击空明兮泝流光[11]。渺渺兮余怀，望美人兮天一方[12]。"客有吹洞箫者，倚歌而和之[13]。其声呜呜然，如怨如慕，如泣如诉，余音嫋嫋[14]，不绝如缕。舞幽壑之潜蛟，泣孤舟之嫠妇[15]。

　　苏子愀然，正襟危坐而问客曰[16]："何为其然也？"客曰：

"'月明星稀,乌鹊南飞',此非曹孟德之诗乎[17]?西望夏口,东望武昌[18],山川相缪,郁乎苍苍[19],此非孟德之困于周郎者乎?方其破荆州,下江陵[20],顺流而东也,舳舻千里[21],旌旗蔽空,酾酒临江,横槊赋诗[22],固一世之雄也,而今安在哉?况吾与子渔樵于江渚之上,侣鱼虾而友麋鹿[23];驾一叶之扁舟,举匏尊以相属[24];寄蜉蝣于天地,渺沧海之一粟[25]。哀吾生之须臾,羡长江之无穷。挟飞仙以遨游,抱明月而长终。知不可乎骤得,托遗响于悲风[26]。"

苏子曰:"客亦知夫水与月乎?逝者如斯[27],而未尝往也;盈虚者如彼,而卒莫消长也。盖将自其变者而观之,则天地曾不能以一瞬;自其不变者而观之,则物与我皆无尽也[28]。而又何羡乎?且夫天地之间,物各有主,苟非吾之所有,虽一毫而莫取。惟江上之清风,与山间之明月,耳得之而为声,目遇之而成色,取之无禁,用之不竭,是造物者之无尽藏也,而吾与子之所共适[29]。"客喜而笑,洗盏更酌。肴核既尽,杯盘狼藉[30]。相与枕藉乎舟中[31],不知东方之既白。

【注释】

[1] 壬戌:指宋神宗元丰五年(公元1082年),时苏轼四十七岁。
[2] 赤壁:周瑜破曹军于赤壁,地在今湖北嘉鱼县东北。苏轼因反对王安石的新法,被贬到黄州(今湖北黄冈县)。他曾两次到黄州城外的赤壁(赤鼻矶)游玩,写下了前后《赤壁赋》。
[3] 属(zhǔ):斟酒给人喝。
[4] 明月之诗、窈窕之章:指《诗经·陈风·月出》第一章:"月出皎兮,佼人僚兮,舒窈纠兮,劳心悄兮"。"窈纠"与"窈窕"声近,所以苏轼称之为"窈窕之章"。
[5] 斗牛:二十八宿中的二宿名。

[6] 白露:指白茫茫的水气。
[7] 一苇:喻小船。《诗经·卫风·河广》:"谁谓河广,一苇杭(渡)之。"如:往。凌:乘。万顷:形容水的广大。茫然,广大的样子。
[8] 冯:通"凭",依托。御风:驾着风。
[9] 遗世:等于说离开人世。羽化:道教称成仙为羽化,认为成仙后可以身生羽翼而飞升。
[10] 扣:敲。舷(xián):船的两边。
[11] 丹桂做的棹,木兰做的桨。空明:倒映在水中的月亮。沂:同溯。流光:水面上随波浮动的月光。
[12] 渺渺:悠远的样子。怀:怀念。美人,有隐喻君王的意思。《楚辞·九章·思美人》王逸注:"此章言已思念其君,不能自达。"
[13] 倚:依。
[14] 嫋嫋(niǎoniǎo):声音细弱而长的样子。
[15] 舞、泣:都是使动用法。嫠(lí)妇:寡妇。
[16] 愀(qiǎo)然:容色变动的样子。危坐,端坐。
[17] 指曹操的《短歌行》。
[18] 夏口:指夏口城,在今湖北武昌县蛇山上。武昌:今湖北鄂城。
[19] 缪:通"缭",缠结。郁乎、苍苍:指树木茂密苍翠。
[20] 荆州:东汉时州名,治襄阳(今湖北襄樊市)。江陵:东汉时县名。今湖北江陵县。
[21] 舳(zhú):船尾。舻(lú):船头。"舳舻"指首尾连接的船只。
[22] 酾(shī):滤酒。这里指斟酒。槊(shuò):长一丈八尺的矛,马上所用。
[23] 侣、友:都是意动用法。麋(mí):鹿的一种。
[24] 扁(piān)舟:小舟。匏(páo)尊:指粗陋的酒器。匏:葫芦的

一种。
[25] 蜉蝣(fúyóu):一种生存期很短的小虫。渺,小。这两句是说人的一生像蜉蝣那样短促,人在宇宙中如同沧海一粟。
[26] 这四句是说:希望和飞仙一起遨游,同月亮一起长存。但这种愿望不能实现,只能借箫声来抒怀。遗:余。
[27] 《论语·子罕》:"逝者如斯夫,不舍昼夜!"
[28] 《楞严经》:"佛言:汝面虽皱,而此精神未曾皱。皱者为变,不皱非变;变者受灭,彼不变者,无生无灭。"
[29] 藏(zàng):宝藏。
[30] 肴(yáo):菜肴。核:果品。这里"肴核"泛指下酒菜。狼藉(jí):纵横散乱。
[31] 枕藉(jiè):枕着垫着。

## 北京大学出版社最新图书目录

**名校大学生英语习作系列**

| | |
|---|---|
| 北京大学学生优秀英语作文选评(一) | 定价：7.00元 |
| 北京大学学生优秀英语作文选评(二) | 定价：12.00元 |
| 清华大学学生优秀英语作文选评 | 定价：8.00元 |
| 南京大学学生优秀英语作文选评 | 定价：16.00元 |
| 北京大学英语专业学生优秀作文选 | 定价：14.00元 |

※　※　※　※　※　※

北京大学博士生入学考试英语辅导：模拟试题与全真试题详解

定价：12.00元

※　※　※　※　※　※

| | |
|---|---|
| 政治学专业英语教程 | 定价：15.00元 |
| 心理学专业英语教程 | 定价：15.00元 |
| 计算机专业英语教程 | 定价：14.00元 |

**邮购方式**：请汇款(书款加15%的邮费)至北京市海淀区北京大学出版社展示厅　胡冠群收　邮编100871，在汇款单附言注明所购书名及册数。

**邮购电话**：(010) 62752019
**编辑部电话**：(010) 62752028　62765014
**发行部电话**：(010) 62750672